형제들의 모임 교회사

이 소중한 책을

특별히 _____님께

드립니다.

형제들의 모임 교회사

〈BRETHREN - 브레드린(형제운동)의 시작과 발전 역사〉

정인택 박사 지음

나침반

송용필 목사님 추천의 글

한국독립교회선교단체연합회 회장

브레드린(형제들의 모임)의 역사와 선교사역이 한국교회에 늦게나마 자세히 소개된 것을 기쁘게 여깁니다.

한국에서는 브레드린이 잘 알려지지 않아서 오해를 받기도 해 늘 안타까운 마음이 있었는데, 미국에서는 브레드린이 순수하고 성경적인 교회로 알려져 있고, 브레드린 출신의 유명한 사역자들이 곳곳에서 크게 활동하고 있습니다. 가까운 예를 들면, 한국과 관련된 분은 미국 기독실업인협회(CBMC) 회장으로 3년간 역임하셨던, 왈도 예거(Waldo Yeager Sr.) 장로님으로 브레드린 출신인데, 세계기독봉사회를 창설해, 한국에 선교사를 파송했고, 그분들은 지금 세계 복음화에 크게 쓰임 받고 있습니다.

그리고 목사님들 설교에서 자주 인용되는 조지 뮐러나 짐 엘리엇도, 그리고 미국의 복음주의 목사님들이 애독하며 최고의 단권 주석이라고 극찬하는 책의 저자 성경학자 윌리암 맥도날드나, 주석가 C.H. 맥킨토시, 아이언사이드, F.F. 브루스, 생명의말씀사에서 발행한 책 '영원에서 영원까지'를 쓴 에릭 사우어 등 역시 브레드린 출신입니다.

브레드린은 성경에 대한 믿음과 영혼 구원에 대한 열정이 남달랐다는 교회사적인 증언이 있고, 무엇보다 성경을 열심히 읽고 연구하는 면에서 근본주의적이라고 할 만큼 철저하게 성경 중심인 교회입니다.

이 책이 널리 읽혀짐으로 브레드린의 이런 성경에 대한 열정이 한국 기독교계에 전해져서 한국 교회가 성경으로, 하나님의 말씀으로 돌아가도록 하는 데 큰 촉진제 역할을 하기를 기대합니다.

이동원 목사님 추천의 글
지구촌교회

1960년대 후반-제가 예수님을 만나고 거듭난 직후의 일입니다.

그 무렵 김장환 목사님의 사역을 돕고 YFC 청소년 운동 간사로 일하고 있었는데, 그때 어느 날 김장환 목사님(극동방송 이사장)과 교분이 있었던 매카피 선교사님을 만나 뵙게 되었습니다. 그리고 그분이 용인 오산 등지에서 브레드린 사역을 감당하고 계신 분이심을 알게 되었습니다. 학교, 병원 사역 등을 통해 진지하게 섬기시는 그분의 모습에 깊은 인상을 받았습니다. 그리고 그분 주변에 함께 하시는 브레드린 성도들의 믿음은 저에게 잔잔한 충격을 주었고, 기성교회 밖에 이리도 순수한 믿음의 형제자매들의 존재는 제 믿음의 시야를 넓게 열었습니다.

그 후 1970년대 초 미국 유학을 떠나 톨레도(오하이오주)시와 디트로이트(미시간주)시에 살았습니다. 그때 저의 유학을 도왔던 예거(Waldo Yeager Sr) 장로님의 인도로 열린(오픈) 브레드린 모임에 얼마간 참여했습니다.

매주일 참여하는 주의 만찬, 그리고 한 사람이 아닌 여러 장로님들의 말씀 나눔은 새 교회상을 보게 했습니다. 그리고 비로소 예거 장로님이 열린 브레드린 교회의 장로님이신 것도 알게 되었습니다.

그리고 유학가기 직전부터 첫 미국 유학시절의 교회 생활에서 접한 〈엠마오 성경통신학교-성경공부 교재〉들은 얼마나 큰 도움이었는지!

한 3년간 톨레도시와 디트로이트시의 브레드린 모임 가족들의 순결한 사랑에 빚을 지게 되었습니다.

그리고 저의 첫 유학 신학교에서 만난 헨리 할러먼(Henry Holloman)

교수(후일 탈보트 신학교수)는 제 평생의 스승이 되었습니다. 그분도 알고 보니 브레드린 출신이고, 조지 뮐러, 짐 엘리엇, 아이언사이드, F. F. 브루스도 브레드린 출신임을 알게 되었습니다.

그리고 광의에서 전도자 무디, 허드슨 테일러, C.T. 스터드 등이 모두 브레드린 영향권의 리더들이었습니다.

그런데 귀국 후 저는 침례교회 목회자로 섬기게 되었습니다만 당시 브레드린이 이단시 되고 있는 모습에 적지 않게 놀랐습니다.

부분적으로는 한국에 소개된 브레드린이 개방적이 아닌 일부 폐쇄적이란 원인도 있고 혹은 한국교회의 무지 때문이기도 했습니다.

그러나 저는 이제 한국교회 전체의 건강성을 위해 브레드린 운동이 새롭게 조명될 필요가 있다고 느끼고 있습니다.

이때 시의적절하게 정인택 박사께서 〈형제들의 모임 교회사〉를 펴내게 되신 것이 얼마나 소중한 일인지요!

저는 한국교회 리더들이 이 책과 함께 전도출판사가 펴낸 〈순례하는 교회〉를 일독하시기를 강권하고 싶습니다.

소위 메인 스트림이 아닌 열외자의 마당에서 주님께서 펼쳐 오신 교회사를 읽으실 수 있게 되기를 기대합니다.

모든 시대의 역사마다 제도권 밖에서 주님께서 행하신 작은 모임들의 위대한 사역을 접하시게 될 것입니다.

지금 한국교회는 건강성을 고뇌하며 작은 교회 운동이나, 셀교회 운동, 가정교회 운동을 펼치고 있습니다. 이런 새로운 대안을 찾는 모든 진지한 리더들에게 이 〈형제들의 모임 교회사〉는 새 빛을 제공할 것입니다.

저는 한국교회가 마음을 넓혀 브레드린과 같은 모임들을 형제로 끌어안고 미래로 가는 것을 보고 싶습니다.

그리고 브레드린 리더들도 이 책의 저자처럼 적극적으로 자신들을 열어 교제의 장으로 나오셨으면 합니다.

우리의 교파보다, 전통보다 크고 넓은 마음으로 우리 주변에 존재해온 작은 형제들에게 눈을 열어 보십시오. 그들 안에 살아계신 주님의 미소를, 주님의 은혜를, 그리고 주님의 마음을 새롭게 만나시게 될 것입니다.

그리고 이 작은 모임들, 작은 형제들에게서 한국교회는 미래로 가는 지혜의 조각들을 선물 받게 될 것입니다.

이 책이 이런 소중한 교제의 시작을 알리는 출발점이 되기를 기도하며 이 책을 강추 합니다.

-형제들의 모임에 빚진 자 / 이동원 목사

이상규 교수님 추천의 글

고신대학교 명예교수, 교회사학

영국에서 19세기 시작된 브레드린은 성경의 가르침에 근거한 교회, 곧 성경적 교회이자 복음적인 교회인데 서구교회에 많은 영향을 끼쳤고, 한국에까지 소개되어 성경적인 신앙운동으로 발전해 왔으나 이들의 역사에 대해 연구하거나 한국에 구체적으로 소개한 일이 없었습니다. 그래서 누군가가 이들의 거룩한 신앙 여정을 소개하면 좋겠다는 생각을 해 왔는데, 정인택 박사님의 수고로 브레드린의 기원과 역사, 그리고 한국으로의 전파 과정을 알게 된 것을 하나님께 감사하지 않을 수 없습니다.

1889년 10월 내한했던 첫 호주 선교사 헨리 데이비스(J. Henry Davies)는 부모를 따라 브레드린에서 자라며 신앙을 배운 분이고, 그의 선교 열정은 브레드린에서 배운 믿음의 결실이라는 점을 제가 지적한 바 있습니다.

'아우카 선교 작전'(Operation Auca)이라고 부르는, 남미 에콰도르의 열대우림 지역에 복음을 전하려 했던 다섯 사람의 순교는 기독교회사에 널리 알려진 유명한 사건인데, 다섯 사람 중 네이트 세인트(Nate Saint)는 '항공선교회'(MAF) 소속 비행사였고, 로저 우드리안(Roger Youderian)은 '복음선교회'(Gospel Missionary Union) 소속이지만, 나머지 세 사람, 곧 피트 플레밍(Pete Fleming), 에드 맥컬리(Ed McCully), 그리고 짐 엘리엇(Jim Elliot) 등은 다 브레드린 소속의 청년이었습니다. 이들이 '기독교 대륙선교회'(CMML: Christian Missions in Many Lands) 소속이었는데 브레드린의 선교단체였습니다.

그런가 하면 우리에게 널리 알려진 고아의 아버지 조지 뮐러, 위대한 성경신학자 F. F. 브루스나 에릭 사우어 등도 브레드린에 속한 인물이자 성경 신학자였습니다.

이런 점을 고려해 볼 때 브레드린은 우리 가까이에서 주류의 기독교회와 함께 신앙운동을 전개해 왔으나 우리에게 잊혀진 교회였습니다. 이런 현실에서, 잊혀진 브레드린의 신앙 여정을 추적하고 믿음을 지키기 위해 고투했던 이들의 역사를 추적한 정인택 박사님의 이 책이 우리에게 귀한 가르침과 선한 도전을 줄 것으로 확신합니다.
저자의 노고에 경의를 표하며 이 책이 브레드린의 역사와 전개, 그리고 한국으로의 전파에 대해 깊이 알려지고, 브레드린에 대해 잘 알지 못했던 분들이나 혹 오해했던 분들에게도 브레드린이 어떤 교회인가를 바르게 아는데 도움을 줄 것이며, 뜻깊은 일이라고 생각합니다. 이 책이 널리 읽혀지고 브레드린의 신앙 여정을 이해하게 되는 기회가 되기를 바랍니다.

출간을 기뻐하며!

황재범 교수 (계명대학교 기독교학과)

브레드린은 세계교회 역사에 있어서 "밭에 감추어진 보물"(마 13:44)과 같다. 19세기 초 영국에서 기존 교회에 식상했던 일련의 청년들이 "너희 선생은 하나요 너희는 다 형제니라"(마 23:8)를 모토로 함께 모여 종교개혁의 주요 정신이었던 '오직 성경만으로'(sola scriptura)를 철저히 실천하고자 했다. 이들은 특정 성직자에 얽매이지 않고 순수하게 성경 말씀을 나누는 것을 중시했다. 그럼으로써 전 세계에 큰 반향을 일으켜 왔고, 오늘날 한국에서도 잘 정착해왔다고 보겠다. 그러나 이제 주위 교회들도 브레드린을 인정해줄 필요가 있지만, 또한 브레드린에서도 자신을 조금 더 드러내는 일이 필요하다고 보는데 이 책이 그 역할을 할 것 같아 참으로 시의적절하다고 본다.

그동안 형제운동은 이 책에서 잘 소개된 대로 특별한 인물들을 많이 배출해왔는데, 특별히 한국교회에서 많이 알려진 분으로는 조지 뮐러이다. 조지 뮐러는 이미 1922년에, 당시 한국 선교를 하고 있던 언더우드 선교사의 부인(Lilias Underwood)이 소개하여 한국에 잘 알려져 온 바 있다. 릴리아스 언더우드 여사는 조지 뮐러의 삶을 그리는 책의 제목을 당시의 발음에 따라서 "지요지 뮬라"라고 붙여서 출판(경성: 조선야소교서회, 1922)했다. 여사는 책의 마지막에서 뮐러가 "거룩한 뜻을 가지고, 순전하고 정밀하며, 굳건한 믿음을 가지고 착념하며, 오직 신실하게 기도하며, 헌신했다"(49p)고 적었다. 그의 이 정신이야말로 오늘날 크리스천들이 본받아야 할 내용이라고 보겠다.

형제운동은 조지 뮐러를 비롯하여 "소금과 빛"의 역할을 해온 많은 형제들을 배출했는데 이제 이 책을 통해 성도들이 선배들에게 큰 교훈을 배우길 기도하며 출간을 기뻐한다.

한국의 복음화에 함께하길 기도합니다!

형제운동(Brethren Movement)의 역사에 대해 학위논문[1]을 발표한 이후 여러 지역 교회에서 브레드린(Brethren)의 역사와 정체성을 주제로 강의를 하게 되었습니다. 그러면서 논문보다 읽기 쉬운 책으로 만들어 달라는 요청을 많이 받았습니다. 한국교회에, 특히 청소년과 청년들에게 브레드린의 형제운동의 역사를 알려주어 다음 세대가 올바른 정체성과 자부심을 갖도록 할 필요가 있다는 것입니다.

사실 한국에는 지금까지 형제운동에 대한 연구가 전무합니다. 그래서 논문을 쓰는 과정에서 영문 자료를 구하고 번역하여 참고할 수밖에 없었습니다. 이 책은 논문에서 발표된 내용을 정리하고 설명이 필요한 부분을 더한 것입니다. 쉽게 읽을 수 있도록 참고자

---

1) 정인택, "형제운동의 기원과 발전 및 한국으로의 전래" (박사학위논문, 계명대학교, 2013).

료의 출처를 생략하였는데, 관심 있는 분들은 논문을 통하여 확인하실 수 있습니다.[2]

형제운동의 연구에는 크게 두 가지 어려움이 있었습니다.

첫째, 브레드린은 다양한 신앙관과 그에 따른 실천, 지역 교회의 독립성 때문에 전체적으로 똑같은 목소리를 내지 않는다는 점입니다. F. F. 브루스(Frederick F. Bruce)는 "브레드린은 매우 다양하다. 우리 브레드린 중 아무도 우리 자신에 대하여 정확히 같은 설명을 할 수 없다"고 하였습니다. 바버(John Barber)도 "브레드린 내에 많은 공통분모들이 있다 하더라도, 태도, 관심사, 관행과 전 세계에 걸쳐서 모임 가운데 퍼져있는 영성이 너무나 다양하기 때문에 아무도 일반화할 수 없다"고 말하였습니다. 따라서 형제운동은 획일적으로 설명하기 어려우며 그럴 경우 자칫 편견을 갖게 할 수도 있습니다.

둘째, 형제운동에 대한 역사적인 자료가 많지 않다는 점입니다. 브레드린은 조직화하는 것을 인위적이라고 생각하여 공식적인 연례 회의를 하지 않았고 회의록이나 후대에 남길 사건을 특별히 기록하지 않았습니다. 또 외부인들에게 정보를 제공하거나 그들과 어울리기 위해 홍보하려고 하지 않았습니다. 또한 임박한 재림을

---

2) 이 논문은 형제운동에 대하여 한국에서 처음으로 소개하기 때문에 필자가 조사한 역사적 사실의 근거를 보여주기 위하여 그 근거가 되는 자료를 각주로 밝혔다.

기대하고 있었기 때문에 자신들의 역사를 굳이 문서로 남길 필요를 느끼지 않았을 것입니다.

이런 어려움 가운데 이 책이 집필된 것을 감안하고 읽어주시기 바랍니다. 앞으로 형제운동에 대해 더 많은 연구가 진행되길 바라며 이 책이 밑거름이 되었으면 합니다.

이 책을 통하여 자신들의 정체성을 확립하려는 한국의 브레드린 성도들에게도 형제운동의 본래의 정신과 가치를 일깨우는데 도움을 주고자 합니다.

19세기에 시작된 형제운동은 그 당시 획기적인 신앙부흥운동이었으나 21세기를 살아가는 브레드린 성도들에게 그 의미가 퇴색되고 있는듯 합니다. 비록 형제운동의 형식은 갖추고 있더라도 초기 신앙 선배들이 추구한 원리와 정신을 잃어버렸다면 형제운동을 올바르게 계승하는 것이라고 볼 수 없습니다. 그렇게 된다면 한국의 브레드린은 전수받은 신앙의 유산을 제대로 이해하지 못하고 그 가치를 잃어버릴 수 있습니다. 따라서 필자는 초기 형제운동의 선구자들이 추구했던 가치를 재조명하고 한국의 브레드린이 정체성을 되찾는데 도움을 주고자 합니다.

정체성을 확립하기 위해서는 무엇보다도 역사를 알아야 합니다. 이 책이 한국의 브레드린이 자신들의 역사를 돌아보아 미래를 열어가는 데 도움을 주리라 생각합니다.

또한 한국 교회에 형제운동을 소개하고 브레드린에 대해 이해할 수 있도록 도울 것입니다. 그래서 한국 교회와 브레드린이 서로 교류하며 한국의 복음화에 함께 이바지하길 원합니다.

형제운동이 교회사적인 근거를 가지고 있음에도 불구하고 한국 교회에서 수용되지 못한 이유는 형제운동에 대한 이해가 부족하기 때문이라고 볼 수 있습니다. 따라서 이 책을 통하여 브레드린이 시작된 역사적인 배경과 믿는 바를 살펴봄으로써 한국 교회에 형제운동을 소개하고자 합니다. 특히 브레드린 교회를 처음 접하는 분들이 편견과 오해를 버리고, 역사적 정통성을 이해하여 브레드린 교회를 통하여 주님께 헌신하게 되기를 바라는 마음입니다.

하나님의 은혜에 감사하며

정인택

목차

제1부

형제운동
소개

제1부

형제운동 소개

1. 교회사를 보는 두 관점

오순절 성령강림으로 시작된 교회는 오늘날까지 2000여 년 역사 속에 흘러왔습니다. 교회사를 보면 외적으로 드러난 제도적인 교회가 있는가 하면, 제도권에 의해 묻힌 교회도 있습니다. 일반적으로 교회사라고 하면 제도권에 드러난 교회들의 역사를 생각하기 쉽습니다. 그러나 기독교가 313년 로마황제 콘스탄티누스에 의해 공인되고, 380년에 국교화되면서 성경으로부터 멀어져 가는 모습을 보이기 시작했습니다.

그런 중에도 성경에 나타난 신약교회의 모습을 추구한 수많은 교회들이 있었습니다. 제도권 교회의 역사에서는 무시되어 왔지만 순수하게 성경을 읽으면서 성경적인 교회를 세우고자 하였던 무리들이었습니다. 그들은 국가교회의 권위나 전통을 거부하고 성경이 말하는 대로 단순하게 신자들의 교회를 세우려고 하였습니다. 그들은 자신들을 '그리스도인들' 혹은 '형제들'이라고만 불렀습니다. 그러나 이 순수한 교회들은 국가교회로부터 이단으로 정죄 받거나 왜곡되고 핍박을 받았습니다. 브로드벤트(E. H. Broadbent)는 '순례하는 교회'(전도출판사)라는 책을 통하여 제도권 역사에서 묻힌 교회들을 소개하고 있습니다.[1]

종교개혁 이후에도 이러한 현상은 계속되었습니다. 종교개혁이 일어났을 때 유럽은 개신교와 로마가톨릭으로 양분되었다고 알려져 있습니다. 그러나 국가의 공권력에 의지하는 양측 어느 쪽에도 속하지 않고 성경의 가르침을 따라 신약교회의 모습을 지켜온 독립적인 교회들이 있었습니다. 15세기 말과 16세기 초 무렵, 프랑스와 스위스에는 종교개혁과 무관하게 순수하게 성경적인 교회를

---

1) 브로드벤트에 따르면, 종교개혁 이전에는 대표적인 한 예로 바울파(Paulician) 혹은 톤락인들(Thonraks)이라는 이름으로 불리는 교회가 있었다. 그들은 소아시아와 아르메니아의 넓은 지역과 유프라테스강을 넘어선 방대한 지역에 분포된 사도적 독립교회들이다. 또 보고밀파(Bogomilen), 알비파(Albigenses), 왈도파(Waldensians) 혹은 보드와파(Waldenses)라 불리는 사람들, 스트라스부르의 형제들, 영국 위클리프(John Wycliffe, 1320년 경~1384년)의 후예들인 롤라드파(Lollards), 후스(Jan Huss, 1369~1414)의 가르침을 따르는 후스파(Hussites), 연합형제단(the United Brethren) 등이 있다. 종교개혁 시대와 그 이후에는 독일과 오스트리아, 헝가리 등 여러 나라에 교회의 초기 형태를 유지하고 있었던 사람들, 또 아나뱁티스트들, 그들의 후예인 메노파(Mennonites), 스툰드파(Stundists) 등이 순수한 복음을 증거하였다.

세우려는 교회들이었습니다.

이들은 개신교와 로마가톨릭이 두려워할 정도로 수가 많았습니다. 개신교와 로마가톨릭은 영향력이 위축되는 것뿐 아니라 심지어 존립까지 위협받을 정도였습니다. 국가와 연합하여 권력을 가진 개신교와 로마가톨릭에 의해 박해를 받으면서 역사 속에서 묻히고, 이단으로 취급받아 추방되거나 화형, 수장형, 교수형으로 순교를 당했지만 믿음으로 그리스도께 영광을 돌렸습니다. 브로드벤트가 정리한 이 교회들의 공통점은 다음과 같습니다.

- 화체설을 부인하며 순수하게 떡을 떼었다.
- 유아세례를 반대하며 신자들에게 침례를 베풀었다.
- 교황이나 총회의 지배가 아닌 독립적인 교회들이다.
- 성상숭배를 반대하며 교회가 주는 구원이 아니라 믿음으로 받는 구원을 주장하였다.
- 자신들에게 이름을 붙이지 않고, 단지 형제들이라고 부르며 성경적이고 순수한 교회를 세우려고 하였다.

이와 같이 사도들에 의해 세워졌던 초대교회처럼 신약교회를 세우려고 한 많은 교회들이 있었습니다. 마치 곳곳에 씨를 뿌리듯이 하나님께서 시대마다 복음의 순수성을 지키는 교회를 일으키셨습니다. 그 가운데 19세기에 그로브스, 조지 뮐러, 채프먼 등에 의해 일어난 형제운동은 제도권 밖에서 일어났지만 제도권에 큰

영향을 준 성경적인 교회의 회복 운동이었습니다.[2]

형제운동은 1827년에 더블린에서 그 원리가 제창되었고, 뜻을 같이하는 여러 사람이 모이면서 태동하였습니다. 그리고 1848년에 개방적 브레드린(Open Brethren)[3]과 다비(John N. Darby)계열의 비개방적 브레드린(Exclusive Brethren)[4]으로 나누어지면서 두 방향으로 발전하게 되었습니다. 이 책에서는 개방적 브레드린에 대해 주로 다룹니다. 개방적 브레드린은 지역 교회의 독립을 강조하고 교회에서 장로를 세우며 믿는 자에게 침례를 주는 등의 특징을 가지고 있습니다. 이는 중앙통제 조직이 있고 장로를 인정하지 않는 다비계열의 비개방적 브레드린과는 엄연히 다릅니다.

2. 명칭에 대한 올바른 이해

교회사에 일반적으로 '플리머스 브레드린(Plymouth Brethren)'으로 알려진 사람들이 있습니다. 이 명칭은 형제운동(Brethren

---

2) 엠블리(Peter L. Embley)에 의하면 일반적으로 모든 브레드린이 견지하고 있는 교회 역사에 대한 관점은 이렇다. 즉 참된 사도적 계승은 바울파, 왈도파, 복음주의 아나뱁티스트들, 스툰드파와 같이 모든 시대의 성령을 추구하는 사람들을 통해서 흘러오고 있다는 것이다. 브레드린은 자신들을 이러한 교회들의 상속자로 보았다.

3) 'Open Brethren'을 본서에서는 '개방적 브레드린'으로 번역하였다.

4) 다비 계열의 'Exclusive Brethren'을 그들의 정체성이 드러나도록 정확하게 번역하는 것은 쉽지 않다. 본서에서는 '비개방적 브레드린'으로 번역하였다.

Movement)이 시작된 장소 중의 하나였던 영국의 플리머스에서 유래하였습니다. 그러나 역사를 살펴보면 이것은 형제운동에 대한 적절한 명칭이 아니라는 것을 알 수 있습니다. 왜냐하면, 형제운동에 대한 충분한 이해를 바탕으로 붙여진 이름이 아니기 때문입니다.

많은 브레드린은 '플리머스 브레드린'이라는 이름이 잘못된 명칭이라 생각합니다. 베이리스(Robert Baylis)는 "그들을 '플리머스 브레드린'이라 칭하는 것은 배를 '타이타닉(Titanic) II'라고 부르는 것과 같다. 유감스럽게도 그 명칭은 지금 바꾸기에는 너무 널리 쓰이기 때문에 그저 사용할 수밖에 없다. 하지만 이것이야말로 재앙의 메아리이다"라고 애도하였습니다.

일반 대중들은 개방적 브레드린과 다비계열(Darbyite)의 비개방적 브레드린을 구별하는 것이 더욱 어렵습니다. 로우던(Harold H. Rowdon)은 "브레드린이란 용어는 편견과 오해를 야기할 수 있는 여러 가지 의미를 가진 용어가 되어버렸다. 다비파(Darbyite)와 개방적 브레드린(Open Brethren)의 다른 점을 설명하는 일은 어렵고, 차라리 이 용어를 버리는 것이 더 쉽고 효과적인 방법일지 모른다"고 하였습니다.

이들은 오늘날 '크리스찬 브레드린(Christian Brethren)'으로 불리기도 합니다. 그러나 브레드린에 속한 사람들은 이런 명칭으로도 불리기를 거부합니다. 왜냐하면 그들은 특정 교파나 단체에 속해 있다고 생각하지 않기 때문입니다. 단지 서로 '형제', '그리스도인', '제자'라고 부를 뿐입니다. 이 책에서는 이 운동에 뿌리를 둔 교회나 사람들을 '브레드린' 혹은 '브레드린 교회'라고 표기할 것입니다.

3. 브레드린의 영향력

브레드린 교회는 세계 전역에 수만여 개가 분포할 뿐 아니라, 질적으로도 유의미한 영향력을 미쳐왔습니다. 그렇지만 유독 한국에서는 잘 알려지지 않았습니다. 형제운동은 영연방에 속한 국가들과 유럽 대륙, 아프리카, 미국과 캐나다, 남아메리카, 그리고 아시아 등 널리 전파되어 세계 곳곳에서 수많은 교회들을 이루고 있습니다. 뿐만 아니라 오늘날 복음주의자들에게 교리적으로도 큰 영향을 미쳤습니다. 복음 전도에 대한 열정과 경건한 삶으로 인해 신학적 입장이 다른 많은 기독교인들로부터도 존경을 받아왔습니다.

F. F. 브루스가 "많은 수의 초교파적 복음주의 단체들에 대하여 그들이 미친 영향은 예상보다 훨씬 더 크다"고 평가한 점을 보더라도 브레드린이 기독교계에 미친 영향은 결코 무시할 수 없습니다. 로우던도 "브레드린의 공헌은 그들 숫자의 비율을 넘어섰다. 그들

은 성경이 지속적인 비난을 받고 있는 동안에도 성경의 권위를 지켜냈다. 브레드린에 속한 많은 성도가 초교파적 기관에서 지도적인 위치에 있다"고 말하고 있습니다.

이와 같이 브레드린은 소수이지만 기독교의 여러 부문에서 지도력을 발휘하였고, 세계 선교에 지대한 공헌을 해왔습니다. 이들은 자유주의 신학과 진화론의 인본주의적인 풍토에서 성경이 계속해서 비난과 공격을 받았을 때 군건하게 성경의 권위를 고수하였습니다. 또한 복음전도에 적극적이었고, 교회가 그리스도의 몸이라는 사실을 보여주었다고 평가받고 있습니다. 비록 한국에 잘 알려지지 않았지만 분명한 사실은 형제운동이 전 세계적인 운동이었으며, 지금도 여전히 그 후예들이 활발하게 활동하고 있다는 것입니다.

4. 브레드린에서 알려진 인물

많은 한국 기독교인이 형제운동에 대해서는 몰라도 브레드린에 속한 사람 중에 유명한 인물에 대해서는 잘 알고 있습니다.

예를 들어 교파를 초월하여 인정받는 조지 밀러(George Muller, 1805~1898)에 대해서 모르는 사람은 없을 것입니다. 평생 5만 번 이상의 기도응답을 받았다고 알려진 조지 밀러는 초기 개방적 브레드린의 대표적 지도자입니다. 그는 1836년에 브리스톨에 보육원을 세워 62년 동안 오직 기도와 믿음으로 운영한 사람으로 전 세계 기독교인에게 존경받는 인물입니다. 대부분의 기독교인이 조지 뮐러는 알면서도 정작 그가 속해 있었던 브레드린에 대해 모르고 있다는 것은 한국에 형제운동이 올바로 소개되지 않았기 때문입니다.

뿐만 아니라, 널리 알려진 신학자로 F. F. 브루스[5]가 있습니다. 케네스 커티스(Kenneth Curtis)는 그의 저서 '교회사 100대 사건(The 100 Most Important Events in Christian History)'에서 형제운동을 소개하면서 F. F. 브루스를 예로 들고 있습니다.

「… 플리머스 브레드린도 영국의 국교도들에게 단순한 신앙의 필요성을 일깨워 주었다. 브레드린은 초기 성경학자인 트레겔레스와 현대의 신약성경학자인 F. F. 브루스와 같은 뛰어난 인물들을 비롯해 전 세계적으로 많은 신자를 배출하여왔다.」

---

5) F. F. 브루스는 1910년 스코틀랜드의 엘진(Elgin)에 있는 브레드린 교회에서 목회하는 부모 밑에서 태어나 1990년에 사망할 때까지 개방적 브레드린과 평생 친밀하게 교제하였다. 그는 1959년부터 맨체스터 대학(University of Manchester)에서 성경비평학과 주경신학교수로 있다가 은퇴하였다. 또한, 1957년부터 빅토리아 연구소(Victoria Institute)의 소장으로 재직하였다. 그는 33권의 책을 저술했고 The Evangelical Quarterly라는 잡지와 The Palestine Exploration Quarterly라는 잡지의 편집인으로 활동하였다. 그의 탁월한 학문적 성과를 인정받아 왕립학술원(The Royal Society)의 특별회원으로 추대받았고, 구약연구협회(Society for Old Testament Study)와 신약연구협회(Society for Old Testament Study)의 회장을 역임하였다.

위의 글에서 알 수 있듯이 브레드린은 발생 당시부터 영국 국교회에 영향을 미쳤을 뿐 아니라 수많은 성경학자를 배출해왔습니다. F. F. 브루스는 성경에 대한 복음주의적 이해 분야에서 선구적인 역할을 하였으며, 세계적으로 권위있는 신학자입니다. 그의 많은 저서가 한국에도 번역되었고 신학교에서 교재로 사용되고 있습니다. 그럼에도 불구하고 그가 브레드린에 속한 사람이라는 사실은 잘 알려지지 않았습니다. F. F. 브루스는 형제운동을 알리는 책에 자신의 견해를 싣기도 하였으며, 형제운동에 대한 소책자를 저술하고 전 세계에 배포하였습니다.

29세의 젊은 나이로 에콰도르에서 순교한 짐 엘리엇(Philip James Elliot, 1927~1956) 선교사도 브레드린에 속한 사람입니다. 1956년 짐 엘리엇을 비롯한 5명의 선교사들은 에콰도르의 아우카 부족에게 선교하려다가 젊은 나이에 순교하였습니다.[6] 이 사건은 세계적으로 큰 화제가 되었고 그들의 순교 소식을 접한 수많은 젊은이들이 선교지로 떠나는 계기가 되었습니다. 순교한 선교사들 중에 짐 엘리엇과 에드 멕컬리(Ed McCully, 1927~1956), 그리고 피터 플레밍(Peter Fleming, 1928~1956) 등 3명이 브레드린에 속해 있었습

---

6) 짐 엘리엇은 "영원한 것을 위하여 영원하지 않는 것을 버리는 것은 어리석은 일이 아니다"라는 유명한 말을 남겼다. 짐 엘리엇의 아내 엘리자베스(Elisabeth Elliot)는 간호훈련을 받고, 남편이 순교한 지 2년 후에 어린 딸 밸러리(Valerie)를 데리고 아우카 부족을 찾아가서 5년 동안 그들과 생활하며 그리스도의 복음을 전하고 돌아왔다. 수십 년이 지난 후 그 마을에는 수백 개의 교회가 생겨났다. 이 감동적인 선교 실화는 2006년 미국에서 영화로 개봉되었고, 우리나라에는 '창끝(End of the Spear)'이라는 제목으로 상영되었다. 또한 짐 엘리엇의 이야기는 영광의 문, 짐 엘리엇 스토리, 전능자의 그늘 등 여러 책으로도 한국의 기독교인들에게 소개되었다.

니다.

한국인이 즐겨 부르는 '죄짐 맡은 우리 구주'의 작사자 조셉 스크리븐(Joseph Scriven, 1819~1886)도 브레드린의 가르침을 따라 그리스도의 사랑을 실천하고자 하였습니다. 아일랜드 출신인 그는 약혼녀를 잃고 캐나다로 가서 고아와 과부들, 가난한 자들을 돌보며 섬겼습니다. 그가 보여준 헌신적인 삶 때문에 사람들은 그를 성자라고 부르기도 하였습니다. 이처럼 고귀한 삶을 산 스크리븐도 브레드린에 속한 사람이었습니다.

그 외에도 브레드린에 속한 수많은 인물들이 전 세계 기독교계에서 선교사역에 이바지하고 있습니다.

(브라이언 스탠리(Brian Stanley)는 '복음주의 세계확산'(CLC)에서 개방적 브레드린이 1940년대 후반부터 보수복음주의 형성에 크게 공헌했다고 주장합니다. 이 책에서 존 랭(John Laing)을 비롯한 브레드린의 여러 사업가들의 역할과 F. F. 브루스를 비롯한 여러 신학자들에 대하여 설명하였습니다. 또한 브레드린 학자인 제임스 휴스턴(James M. Houston)과 밴쿠버의 브레드린이 협력하여 리전트칼리지(Regent College)를 설립한 상황도 소개하고 있습니다. 그는 1960~70년대 보수 복음주의가 브레드린에 진 빚이 어마어마하다고 하였습니다.)

한국의 브레드린은 이러한 브레드린에서 파송된 선교사들에 의하여 세워졌고 그들과 같은 정신과 원리를 가지고 있습니다.

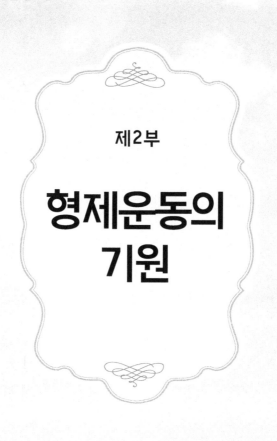

제2부

형제운동의
기원

제2부

형제운동의 기원

1. 형제운동의 배경

형제운동은 19세기 초반 무기력한 국교회로부터 분리되어 나온 복음주의자들이 세운 교회와 맥을 같이 합니다. 그러한 교회들이 가진 특징인 '신자의 침례, 매주 행하는 성찬식, 비성직자주의' 등에 주목할 필요가 있습니다. 이는 형제운동에서 추구하는 정신과 일치하고 형제운동이 확산되는 기반이 되기 때문입니다.

18세기의 유럽은 왕위계승 전쟁과 나폴레옹 전쟁을 치르고 프랑스 혁명의 그림자 아래에 덮여 있었습니다. 그러나 19세기에 이르러 인구가 폭발적으로 늘어나고 과학과 기술의 발달로 생활에 큰 변혁이 일어났습니다. 라투렛(Kenneth S. Latourette)은 이 기간에 이루어진 선교활동이 지난 1800년 동안 있었던 기독교의 성장을 능가하고, 기독교가 전 세계에 미친 영향이 크기 때문에 19세기를 가장 위대한 시기였다고 하였습니다. 이처럼 기독교가 성장하고 세계 선교가 활발하게 진행되던 때 형제운동이 함께 하였고, 전 세계로 퍼져나가면서 영향을 미쳤습니다.

　　형제운동이 일어난 영국은 산업혁명으로 사회와 기독교에 큰 변화가 일어났습니다. 산업혁명의 결과 영국은 농촌 중심 경제에서 '세계의 공장'으로 변모되었습니다. 상공업의 발전으로 거대한 인구가 도시로 몰려들면서 도시는 급성장하였고, 빈부 격차가 생기면서 가난한 빈민들이 생기고 사회 환경이 급변하였습니다. 그러나 급격한 변화를 받아들일 준비가 되지 않은 영국 국교회(Church of England)는 위기를 맞았습니다. 열성적이고 순수한 복음주의자들은 잠들어 있는 영국 국교회에 개혁을 요구하였지만 만족스러운 결과를 얻지 못할 때가 많았습니다. 그들은 이상적인 교회를 실현하고자 직접 교회를 세우기 시작하였습니다.

(1) 19세기 초 영국제도의 국교회 상황

먼저 1820년대 영국과 아일랜드의 국교회와 국교회 내 복음주의 상황에 대해 알아보고자 합니다. 더블린과 플리머스에서 형제운동이 시작될 무렵 지도자들과 뜻을 같이 하여 모인 사람들이 대부분 영국과 아일랜드의 국교회 신자들이었기 때문입니다. 따라서 브레드린은 19세기에 있었던 수많은 비국교도에 비해 사회적으로는 중상류층 중심이었고, 신학적으로는 중도칼빈주의로 영국 국교회 내의 복음주의자들과 비슷한 모습을 보였습니다.

1815년까지 영국 국교회는 무사안일주의와 세속주의에 빠져 병들었습니다. 복음주의적인 성향은 퇴색되어 버렸고 칼빈주의 신학은 형식화되었습니다. 예배당은 제대로 관리되지 않아 낡은 상태로 방치되었고, '교회 좌석료(pew rent)' 제도는 가난한 사람이 예배에 참석할 수 없도록 하는 심각한 악폐였습니다.

아일랜드의 상황을 살펴보면, 국교회가 수많은 로마가톨릭교도에 대한 위협을 느끼면서 신앙의 양심을 국가권력 아래 두려고 하는 시도를 하자 복음주의자들이 불만을 가지게 되었습니다. 즉, 로마가톨릭교도가 국교도로 개종하면 영국 왕권에 충성을 맹세해야 한다는 것이었습니다. 이는 영국왕을 교회의 머리로 인정하는 것으로 보였기에 복음주의자들로부터 비난을 받았습니다.

비록 영국 국교회를 개혁하고자 하는 여러 노력이 있었지만 한

계가 있었습니다. 따라서 성경에서 말하는 진리를 추구하는 순수하고 열정적인 복음주의자들은 더 이상 국교회에 머물러 있을 수 없었습니다. 또한 비국교도들 사이에서도 교파 간의 장벽이 높아 서로 원활하게 교류하지 못하는 것에 대하여 불만을 가진 사람들이 있었습니다. 그들은 교파의 장벽을 뛰어넘어 그리스도인으로서 서로 단순하게 교제하고 성경을 연구하기를 원하였습니다.

이런 상황에서 자연스럽게 만나는 소수의 무리가 있었는데, 그들이 추구하는 이상이 모여 형제운동이 시작되었습니다. 19세기 초에 영국과 아일랜드의 국교회로부터 분리되어 나가거나 혹은 자생적으로 여러 형태의 독립적인 교회들이 생겨났으며, 형제운동은 그들과 영향을 주고받으며 발전해 나갔던 것입니다.

한편, 1820년대 아일랜드 복음주의 계열에서 일어났던 또 한 가지 주목할 만한 사건은 19세기 초반 몇십 년 동안 지식인 계층에서 예언의 성취에 대한 관심이 확산되고 있었다는 점입니다. 특히 프랑스 혁명의 영향으로 성경의 예언을 실제 역사에 적용하여 해석하려는 여러 모임이 있었습니다. 대표적으로 1831년부터 1833년 사이에 파워스코트(Theodosia A. Powerscourt, 1800~1836) 자작 부인에 의하여 열린 예언 연구학회(Powerscourt Conferences)가 있습니다. 이 학회에는 영국의 모든 지도급 성경학자들이 초청되었고, 다양한 교파에서 수백 명의 유명한 복음주의자들이 참석하였습니다. 이 학회는 초기 브레드린이 그리스도의 재림이 임박하였다는

믿음을 가지게 하였습니다. 어빙파(Irvingites)도 이런 배경에서 생겨난 것이었습니다.[7]

(2) 19세기 초 국교회로부터의 분리 운동

형제운동은 19세기 초반 영국 국교회로부터 분리되어 나온 복음주의자들과 연결되고 서로 영향을 주었습니다. 그 당시에 영국 국교회에 실망한 성직자들이 분리 독립하기 시작하였는데, 이러한 움직임은 1830년대 초까지 계속되었습니다.

그들이 분리의 길을 선택한 것은 교회의 제도적인 문제가 아니라 교리적인 문제 때문이었습니다. 유아에게 물을 뿌리고 중생이라고 부른다든지, 회심하지 않은 사람을 성찬에 참여시킨다든지 하는 교리적인 문제들에 대해 복음주의자들이 새롭게 인식하면서 성직자들을 비롯하여 수많은 사람들이 국교회로부터 분리되어 나갔습니다. 19세기 초기에 영국 국교회로부터 분리된 신도들은 당시 영국 성인의 약 1/3에 달하였습니다. 그들 대부분은 특수침례교회[8]에 가입하였다가 1832년 이후에는 브레드린에 동참하였습니다.

---

7) 형제운동과 어빙파는 동시대에 시작되었으며 많은 공통적인 특색을 가지고 있다. 이들은 그리스도의 임박한 재림을 열렬히 기대하고 있었고, 성경에서 예언의 시간표를 찾는데 성경 연구의 중점을 두었다. 그러나 차이점은 어빙파는 예언 연구를 가장 중요하게 여겼고 브레드린은 그리스도인 신자들이 연합을 이루는 것을 더 중요하게 여겼다.

8) 17세기의 침례교 중에서 그리스도께서 모든 사람을 위하여 죽으셨다고 믿는 아르미니우스주의자인 '일반침례교도(General Baptist)'와 엄격한 예정론자들로서 그리스도께서는 선택된 자들만을 위하여 죽으셨다고 믿는 '특수침례교도(Particular Baptist)'가 있었다.

아일랜드에서도 1780년에서 1820년 사이에 산발적인 분리 운동이 일어나서 브레드린과 유사한 독립적인 교회를 형성하였습니다. 그 중에 1792년에 성직 임명을 받은 토마스 켈리(Thomas Kelly, 1769~1855)는 아일랜드 국교회에서 확고한 복음주의자였습니다. 그러나 국교회를 탈퇴해서 폴타링톤(Portarlington), 웩스포드(Wexford), 워터포드(Waterford)를 비롯하여 아일랜드 곳곳에 독립 교회를 세웠습니다.

아일랜드 국교회에서 분리된 교회들도 형제운동에서 추구하던 것과 유사한 성격을 가지고 있었습니다. 즉, 성직자와 평신도의 구분을 없애고 개인적인 신앙을 확인한 후에 침례를 주었으며, 성찬식도 신자만 참여하도록 허락하였다는 것입니다. 이것이 아일랜드에서 형제운동이 시작되고 전파되는 배경이 되었습니다.

스코틀랜드에서도 아일랜드와 같은 시기에 분리 운동이 일어나서 독립적인 교회가 세워졌습니다. 19세기 초반 스코틀랜드 출신의 두 형제인 로버트 할데인(Robert Haldane, 1764~1842)과 제임스 할데인(James Haldane, 1768~ 1851)이 20년 동안 순회설교를 통해서 세운 교회들이 많이 있었습니다. 그들은 매주 성찬식을 행하고 믿는 사람들에게 침례를 주는 등 브레드린과 유사한 점이 많았습니다.[9] 특히 국교회나 다른 비국교회에서 채택하지 않았던 침례나 매

---

9) 스코틀랜드뿐 아니라 할데인이 방문했던 제네바와 프랑스 남부 지역에서도 복음적인 작은 그룹들이 있었는데, 1840년에 다비가 방문했을 때 그곳에서 자연스럽게 브레드린 교회들이 형성되었다. 그리고

주 드리는 성찬 예배는 형제운동과 맥락이 같아서 자연스럽게 연결될 수 있었습니다.

이와 같이 19세기 초에는 교회에 대한 같은 이상을 가진 사람들이 곳곳에 있었습니다. 그러나 중요한 사실은 여러 지역에서 다양한 방면으로 일어난 독립교회의 이상이 형제운동을 통하여 연결되고 통합되었다는 것입니다. 그 결과 다른 시도들은 모두 사라져 버렸지만 형제운동은 오늘날까지 지속되고 있습니다.

형제운동과 당시의 다른 비국교도들 사이의 분명한 차이점은 진정한 그리스도인이라면 교파를 초월해서 누구나 함께 할 수 있다는 연합의 정신입니다. 그들은 모든 차이점을 내려놓고 우주적인 교회의 형제로서 진정한 그리스도인의 공동체를 세우고자 하였습니다. 이것은 당시 특수침례교회가 예정교리와 회중교회 정책을 받아들인 사람만 구성원으로 받았던 것과는 차이가 있습니다. 그래서 19세기 초에 수많은 복음주의 그리스도인들이 모여들면서 형제운동이 시작되었던 것입니다. 무엇보다 연합에 대한 그들의 이상은 모든 그리스도인이 한 떡에 참여하는 성찬식으로 드러났습니다.

그들은 나중에 다비계열 브레드린의 핵심으로 자리를 잡았다.

2. (영국에서의) 형제운동의 발생

형제운동은 19세기 초 영국에서 시작되었습니다. 제도적인 기독교에서 벗어나 성령의 역사를 가로막는 감독 중심의 성직자 제도를 극복하고, 진정한 그리스도인의 연합과 성찬을 나누기 위한 것이 목적이었습니다. 기독교 역사를 살펴보면 특별한 교파나 특정 이름으로 불리는 것을 거부하고 초대 교회의 단순하고 순수한 신앙으로 돌아가려는 운동들이 있었습니다. 형제운동은 그러한 운동 중 하나입니다. 니트비(W. Blair Neatby)는 형제운동의 목적을 다음과 같이 말하였습니다.

「형제운동은 성경 말씀보다 우선하는 권위, 전통 또는 형식이 없는 순수한 목적을 가지고 시작되었다.」

위의 글에서 보듯이 형제운동은 처음에 어떤 조직이나 교파를 만들려는 것이 아니라 단순하게 성경으로 돌아가고자 하는 순수한 의도로 시작되었습니다. 그들은 당시의 영국 국교회와 여러 교회가 성경이 가르치는 본래의 모습에서 벗어나서 성령의 역사를 볼 수 없다고 생각하였습니다. 그래서 그들은 인간중심체제의 조직을 거부하고 공식적인 성직도 부인하면서 성령의 역사를 중시하는 예배 형태를 추구하였습니다.

1827년에서 1832년 사이에 이 운동이 시작될 때 아일랜드와 영국의 주요 지역과 지도자들은 다음과 같습니다.

지역	지도자
더블린 (Dublin)	앤서니 그로브스(Anthony N. Groves, 1795~1853) 에드워드 크로닌(Edward Cronin, 1801~1882) 존 벨렛(John G. Bellet, 1795~1869) 프란시스 허친슨(Francis Hutchinson, 1802~1833) 존 파넬(John Parnell, 1805~1883) 존 다비(John N. Darby, 1800~1882)
플리머스 (Plymouth)	벤자민 뉴턴(Benjamin W. Newton, 1807~1899) 퍼시 홀(Percy F. Hall, 1804~1884) 조지 위그램(George V. Wigram, 1805~1879)
브리스톨 (Bristol)	조지 뮐러(George Muller, 1805~1898) 헨리 크레이크(Henry Craik, 1805~1866)
반스테플 (Barnstaple)	로버트 채프먼(Robert C. Chapman, 1803~1902)

(1) 더블린(Dublin)

형제운동의 기원을 살펴보기 위하여 더블린에서의 역사를 자세히 알아볼 필요가 있습니다. 더블린에서 형제운동의 기본적인 정신이 나타났고 그 원리에 따라 모임이 처음 시작되었기 때문입니다.

❶ 형제운동의 원리를 제안한 그로브스(Anthony N. Groves, 1795~1853)

초기의 지도자들 중에서 형제운동의 3가지 원리를 제안한 사람은 그로브스입니다. 그로브스는 1795년에 햄프셔(Hampshire)의 리밍턴(Lymington)에서 태어나 사보리(Savory)와 무어(Moore) 의료 기관에서 화학을 공부하였습니다. 그리고 하노버 스퀘어(Hanover Suare)에서 병원을 경영하던 부유한 삼촌으로부터 교육받아 치과 의사가 되어서 큰 부자가 되었습니다.

그로브스는 파젯(Bessie Paget)의 영향을 받아서 신실한 복음주의자가 되었습니다. 그는 1826년에 성직 임명을 받고 선교사가 되고자 더블린의 트리니티 칼리지(Trinity College)에서 신학교육을 받았습니다.[10] 당시 그로브스는 엑서터(Exeter)에 살고 있었는데 학기 말에 더블린에서 시험만 치면 되었습니다. 그는 더블린을 방문할 때 가정 집에서 성경을 공부하기 위하여 모이는 사람들을 만나게 되었습니다. 그는 이 사람들이 그리스도께 헌신된 국교도로서 그리스도인들의 연합을 간절히 바라면서 정기적으로 모이고 있었다고 하였습니다.

---

10) 1826년에 그로브스는 자신의 두 아들과 그의 신학 공부에 도움을 줄 개인교사로 헨리 크레이크(Henry Craik)을 만나게 되었다. 크레이크는 그로브스를 만난 후 그로브스가 신앙과 인격에서 그리스도께 온전히 헌신 되어 있는 모습에 강렬한 인상을 받았다고 하였다.

그로브스가 더블린을 방문하였을 때 나이가 비슷한 아일랜드 법정 변호사인 벨렛(John G. Bellet, 1795~1869)과 특별히 가깝게 지냈습니다. 벨렛의 가족은 영국 국교회와 강한 결속 관계를 맺고 있는 부유한 복음주의자였습니다. 벨렛의 회고록에 의하면 훗날 형제운동에 나타난 교회 원리를 자신에게 제안한 사람은 그로브스였다고 말합니다. 1827년 부활절 기간에 그로브스는 "그리스도인들은 함께 떡을 뗄 자유가 있다"고 제안하였습니다.

「그로브스가 방금 내게 이렇게 말하였다. 그것은 성경에서 그에게 밝혀졌는데, 그리스도의 제자들로서 함께 모인 그 신자들은 주님의 가르치심에 따라 주님을 상징하는 떡을 함께 자유롭게 나누며, 사도들이 알려준 실행대로 주님의 죽으심을 기념하고, 그의 (떠나시며) 남겨주신 계명을 순종하기 위하여 매 주일을 구별해야 한다는 것이었다.」

이것이 바로 형제운동의 기초가 되는 첫 번째 원리입니다.

여기에서 중요한 것은 안수 받은 성직자가 존재하지 않은 상태에서 매주 성찬식을 행한다는 것입니다.[11] 그러나 이것이 국교회로부터 떠나고자 하는 의도는 아니었습니다. 왜냐하면, 그들은 모두

---

11) 그로브스의 두 번째 부인은 이 제안이 파젯의 권고로 그로브스와 벨렛에 의하여 즉시 실행되었다고 하였다. 하지만 엠블리는 여러 가지 이유를 들어 이 말이 설득력이 없어 보인다고 한다. 특히 그로브스와 벨렛은 당시에 국교회의 일원이었으며 격식에 얽매이지 않는 파행적인 방식을 받아들일 준비가 되지 않았기 때문이다. 비록 그가 더블린 방문 기간 동안에 이러한 제안을 했을지라도, 이것을 실제로 실천에 옮기는 것은 더 담대한 도약이 필요하였다는 것이다.

여전히 자기가 속한 교회에서 정기적으로 예배를 드리고 있었기 때문입니다. 이때만 해도 그로브스와 벨렛은 국교회의 성직자가 되기 위한 과정을 밟고 있었습니다. 그리고 비국교도의 예배에 참석하는 것을 꺼렸기 때문에 철저한 국교도였던 그로브스가 국교회를 떠나는 것은 쉬운 일이 아니었습니다.

그런데 그로브스에게는 '연합'이라는 두 번째 원리가 싹트고 있었습니다. 그는 몇 년 후 1833년 12월 14일에 쓴 자신의 일기에 이렇게 기록하였습니다.

「단순한 연합의 원리는 사소한 일을 판단해서 하나로 만드는 것이 아니라 그리스도의 사랑, 진정한 예수님의 사랑과 일치하는 하나 됨을 말한다. 이 사실을 처음으로 제안한 사람이 바로 나였다는 사실을 더블린에서 온 벨렛의 편지가 다시 상기시켜줄 때까지 나는 거의 잊고 있었다.」

그로브스는 당시 국교도와 비국교도 그리고 비국교도들 사이에 있는 높은 장벽을 뛰어넘어 그리스도의 사랑으로 연합하는 교제를 꿈꾸고 있었습니다. 즉, 교파와 교단을 뛰어넘어 그리스도인이라면 누구나 한 떡에 참여하는 것입니다.

그로브스가 깨달은 세 번째 원리는 믿는 사람은 모두 그리스도

안에서 '사역자(minister)'가 될 수 있다는 것입니다. 즉, 이것은 성직 임명에 관한 문제입니다. 이런 깨달음으로 인해 그로브스는 선교하기 위하여 안수를 받아 성직자가 되는 것에 대해 회의를 갖게 되었고, 결국 트리니티 칼리지와 인연을 끊었습니다. 그리고 국교회 선교사 단체에서 자신을 평신도 선교사로 파송해줄 것을 기대하였습니다. 그렇지만 평신도가 성찬식을 집례하는 것을 허용하지 않을 것이라는 말을 듣고 독립선교사로 가기로 결정하였습니다. 그 과정에서 그로브스는 안수 받은 사람만이 설교할 수 있다는 생각은 성경적인 요구가 아니라는 것을 깨달았습니다. 그는 국교회에서 분리되고 싶지 않았지만 결국 다음과 같은 결론을 내립니다.

「하루는 이런 생각이 들었다. 성경에서는 복음을 전하는데 어떤 종류의 안수도 필요치 않다는 것이다. 나에게 이것은 큰 산이 없어지는 것과 같았다. … 그 순간부터 나는 나에게 그리스도 안에서 말씀을 전파하는 자유가 있다는 것에 관하여 절대 의심하지 않았다.」

이것이 형제운동의 중요한 세 번째 원리인데, 그것은 사역자가 성직의 안수로 자격을 받는 것이 아니라 성령의 부르심으로 목회를 할 수 있다는 것입니다. 모든 신자는 그리스도 안에서 사역할 수 있다는 만인제사장의 원리를 실제로 적용하는 것입니다. 이것 또한 형제운동의 핵심적 원리입니다. 그로브스는 이후의 벨렛과의 대화에서 아래와 같이 말하였습니다.

「이것이 우리에 대한 하나님의 생각이라고 믿는다. 어떤 목사나 인간이 세운 사역자를 기다리지 말고, 우리는 제자들처럼 주님께서 기뻐하신 대로 단순하게 모여야 한다.」

위와 같은 견해는 현대 기독교인들에게는 이해될 수 없는 파격적인 생각일지 모르지만, 형제운동은 당시 안수 받은 성직자에게만 갇혀 있던 영적인 사역을 풀어놓고자 하였습니다. 이것은 근본적으로 하나님의 사역자는 인간적인 성직제도가 아닌 성령의 부르심에 있다고 보는 데서 온 것입니다. 이 원리에 따라 그는 1828년 가을 마지막 더블린 방문에서 풀벡가(Poolbeg Street)의 루터란(Lutheran) 교회에서 설교하였습니다.

그로브스의 생각은 1828년 12월 16일 칼데콧(Caldecott)에게 쓴 편지를 통하여 종합할 수 있습니다. 칼데콧은 그로브스의 가장 친한 친구로서 당시 국교회의 성직자였습니다. 그러나 칼데콧은 그로브스의 생각이 이처럼 변하는 것을 보고 책망하는 어조의 편지를 하였는데, 그로브스는 아래와 같이 답장을 보냈습니다.

「오직 자기들하고만 함께 해야 한다는 배타적 정신은 분파를 나누는 분립의 핵심이고, 사도는 이것을 고린도서에서 강하게 책망하였다. 따라서 나는 어떠한 구분도 두지 않은 채, 그리스도를 사랑하고 그분의 이름을 함부로 부르지 않는 모든 사람과 같이 떡을 떼고 기쁨의 거룩한 잔을 기꺼이 나눌 것이다. … 당신은 내가 나 스스로 임명해서 사역하느냐고 물었는가? 전혀 그렇지 않다. 만약 그렇다면 모든 것이 헛될 것이다. 나는 주님이 성령으로 나를 임명하셔서 사역한다고 믿는다.」

위의 편지에서 보듯이 그로브스는 자신이 특정 교단으로부터 안수를 받아 특정 분파에만 속하는 것이 아니라 성령으로 임명을 받아 그리스도께 속하기를 원하였습니다. 그는 사람들이 자신들만의 어리석은 규정을 만들어서 하나님의 가족을 분열시킨다고 보았습니다. 그래서 이런 규정보다 그리스도의 사랑으로 모든 장벽을 넘어서 모두가 연합하는 날을 기대하였습니다.

그로브스가 제안한 3가지 원리를 정리하면, "그리스도인은 교파의 장벽을 넘어서 한 떡에 참여할 수 있는데, 그러한 사역은 안수받은 성직자가 없어도 단순하게 진행될 수 있다"[12]는 것입니다. 그는 이것이 사도들이 시행하였던 초대 교회의 모습이라고 보았습니다.

그로브스는 1829년 6월에 바그다드(Baghdad)에서 선교하기 위

---

12) 그로브스가 제안한 형제운동의 3가지 원리는 개방적 브레드린에서 계속 중요하게 지켜져 왔지만, 연합의 원리는 이후에 배타성을 띠는 쪽으로 변하게 되었다. 연합의 원리는 형제운동에서 매우 중요한 것이었지만 그로브스와 다비는 각기 다른 해석을 가지고 있었기 때문이다.

해 영국을 떠났습니다. 그래서 더블린에서는 브레드린의 형성과 직접적인 연관을 가지지 못하였습니다. 그러나 그의 견해는 초기 형제운동과 일치하였으며, 그 후 세 차례 영국을 방문했을 때 브레드린과 함께 예배를 드렸습니다. 뿐만 아니라 형제운동에 지속적으로 영향을 미쳤기 때문에 그로브스를 형제운동의 원리를 제안하고 기초를 놓은 사람으로 평가할 수 있습니다.

❷ 크로닌(Edward Cronin, 1801~1882)과 떡을 떼는 모임

엠블리는 그로브스가 동료들과 함께 더블린에서 떡을 떼면서 브레드린 그룹이 생겼을 가능성도 있지만, 성찬식을 하는 정규 모임은 크로닌과 허친슨에 의해 시작된 것이 확실하다고 주장합니다. 이 모임의 발전 과정을 크게 세 단계로 살펴볼 수 있습니다.

첫 번째는 1827년 크로닌 그룹의 초기 형성 단계입니다. 그로브스가 더블린을 방문하던 시기에 크로닌을 중심으로 하는 비국교도들의 모임이 형성되고 있었습니다. 로마가톨릭에서 개종한 크로닌이 비국교도로서 더블린에 왔을 때 국교를 반대하는 여러 비국교도 단체들로부터 방문자 자격으로 성찬식에 참여하는 것을 허락받고 교제하였습니다.

그러나 크로닌이 더블린에 거주한다는 사실을 알게 된 비국교도들은 자기들과만 교제하고, 정식으로 자기들의 교회회원이 되기를 요청하였습니다. 크로닌은 특정 교단에 속하기 위하여 다른

교단과 단절하라는 그들의 요구를 거절하였는데, 그것은 그리스도인이 연합하는 원리에 어긋난다고 여겼기 때문입니다. 그는 '하나님의 교회는 하나이고, 모든 신자는 한 몸 된 교회의 구성원'이라고 생각하였습니다.

이 사실을 볼 때 그로브스와 같은 견해가 크로닌에게도 있었던 것을 알 수 있습니다. 초기 형제운동의 중요한 정신 가운데 하나는 특정 교단에 소속됨으로써 다른 그리스도인과의 교제가 끊어지는 것을 원하지 않았다는 것입니다. 그들은 모든 교파를 초월해서 영적 연합을 이루는 그리스도인의 모임을 추구하였기 때문입니다.

크로닌이 거절한 후에 그와 뜻을 같이하는 윌슨(Edward Wilson)과 몇 명이 주일 아침에 기도와 떡을 떼기 위해 윌슨의 집에서 정기적으로 만나기 시작하였습니다. 윌슨이 영국으로 떠나자 그들은 로우어 펨브로우크가(Lower Pembroke Street)에 있는 크로닌의 집에 모여서 떡을 떼기 시작하였는데 이 모임이 크로닌 그룹의 시작이 되었습니다.

두 번째 단계는 1829년에 허친슨(Francis S. Hutchison, 1802~1833)이 합류하면서 더 발전하게 된 것입니다. 크로닌의 집에서 모임이 시작되면서 몇몇 사람들이 더해졌는데 그들 중에 허친슨이 있었습니다. 1829년 11월에 허친슨은 더블린의 번화가에 자리 잡은 피츠윌리엄 스퀘어(Fitzwilliam Square) 9번가에 있는 자신의 집을 개방하여 모임을 갖도록 하였습니다. 허친슨은 "누구든지 그분을 진심으로 사랑하는 사람이라면 누구나, 주님의 이름 안에서 모든 사람과 성찬을 함께 나눌 준비가 되어 있다"고 하였습니다.

허친슨은 이 모임에 친구인 벨렛을 초대하였습니다. 허친슨과 벨렛은 더블린에서 가끔 만났는데 벨렛이 더블린으로 돌아오자 그를 이 모임에 초대한 것입니다. 그리고 벨렛을 통해서 다비와 그로브스의 친구인 파넬(John V. Parnell, 1805~1883)의 그룹이 이 모임에 더해졌습니다. 파넬은 허친슨의 집에 합류하기 전부터 윌리엄 스톡스(William J. Strokes, 1807~1881), 패터슨(Patterson), 그 외의 여러 사람들과 주일에 떡을 떼기 위해 모이고 있었습니다.[13]

이처럼 형제운동은 유사한 이상을 가진 사람들의 몇몇 모임이 병합되면서 그 모습을 갖추어 나가기 시작하였습니다. 이러한 사건들이 일어나는 일련의 과정을 정확하게 추적하기는 쉽지 않지만 더블린에서 실제로 떡을 뗀 시기는 1827년 윌슨의 집에서였습니다.[14] 이때는 그로브스가 형제운동의 원리를 제안한 해이기도 합

---

13) 노년에 발간한 파넬의 회고록에 의하면 그가 떡을 떼기 위하여 만나기 시작한 것은 대략 1825년 경이었다고 한다. 그러나 엠블리는, 더 권위 있는 회고록에 의하면 1827년 이전에 파넬이 더블린을 방문한 적도 없고, 떡을 떼는 모임의 초기에 그가 참여하였다는 기록도 없다고 하면서 이 사실을 인정하지 않는다. 파넬의 그룹도 초대교회의 공통 원리는 사도행전에 기록된 대로 그리스도인이 하나가 되는 마음으로 함께 떡을 떼는 것이라고 믿었다. 그러나 그들은 크로닌의 그룹과는 달리 여전히 자신이 속한 교회와는 관계를 유지하고 있었다.

14) 엠블리에 의하면 당시의 상황이 다음과 같이 정리된다. 앤드루 밀러(Andrew Miller)는 크로닌이 의과 대학생으로 더블린에 도착한 날짜를 대략 1826년 경이라고 제시하고 있다. 이것을 재구성해 보면 크로닌은 1826년 후반이나 1827년 초반에 더블린에 도착하였고, 1827년 여름에 따로 나왔다. 1827년 가을에 윌슨이 합류하였으며, 1829년 여름에 떡을 떼는 장소를 크로닌의 집으로 옮겼다. 그해에 윌슨이 아일랜드를 떠남으로 벨렛의 회고록에서 비교적 명확하게 밝히고 있는 대로 1829년 11월에 크로닌

니다.

벨렛은 이 당시 사람들을 자기 집에 모은 허친슨의 태도에 대해 "그는 만약 누군가가 교구 교회나 비국교도의 교회에 가서 예배를 드리고자 하면 그들을 방해하지 않겠다는 생각을 가지고 있었다"고 회상하였습니다. 이처럼 초기 형제운동은 자신들만의 새로운 교단을 세우려는 의사가 조금도 없었습니다.

크로닌은 "처음부터 명확한 목표나 프로그램이 있었던 것이 아니라 단순히 공통된 심정으로 함께 이끌림을 받은 것처럼 느꼈다"고 회상하였습니다. 다만 각자의 교단적 배경을 그대로 유지하면서 교단을 초월해서 그리스도인이 연합할 수 있다는 열망을 실현하고자 했습니다.[15] 그러나 크로닌은 허친슨의 집에서 모이기 시작한 1829년 11월 29일까지 다비와 벨렛은 매우 신중한 태도로 그들의 모습을 미심쩍어했다고 하였습니다.[16]

세 번째 단계는 더블린 모임이 1830년에 공개적으로 모습을 드러낸 것입니다. 뜻을 같이하는 사람들이 많아지면서 언기어가(Aungier Street)의 공공장소에서 모이기 시작하게 되었고 이때부터 공식적으로 드러나게 되었습니다.

그룹은 허친슨의 집으로 그 모임 장소를 옮겼다.

15) 초기의 지도자들은 자주 '어린 양의 피, 그리고 성도의 연합'이라는 주제를 공통적으로 내세웠다.

16) 엠블리에 의하면, 이때 당시 벨렛과 다비는 국교회로부터 완전히 분리되어 나올 준비는 되지 않았다. 그들은 이 작은 모임에 종종 오는 것도 가능하고 국교회에 참석하여 사역하는 것도 가능하다고 느끼면서 이러한 모임에 대하여 미심쩍어하였다고 한다.

허친슨의 집에서 모인지 6개월이 지났을 때인 1830년 5월 파넬은 이 모임을 더 알리기 위해 자신이 장소를 임대하여 이사를 추진하였습니다. 당시는 사회계층에 따른 차별이 뚜렷한 시기였습니다. 부유하고 화려한 허친슨의 집에 들어가는 것을 난처해하는 가난한 사람들을 위한 배려였습니다. 그러한 변화를 크로닌, 파넬, 스톡스는 환영했지만, 허친슨은 주저하였고, 벨렛은 아주 싫어하여 몇 주 동안을 떨어져 있었습니다. 그렇게 공적 교제를 형성하면 다른 교회들로부터 징계를 받지 않을까 하는 두려움이 있었기 때문입니다. 몇 번의 망설임 끝에 이 새로운 시도를 하게 되었습니다. 다비는 이 시기에 더블린을 떠나 영국에 있었습니다.

니트비는 이런 과정을 거치면서 브레드린이 드디어 언기어가에서 공개적으로 탄생하였다고 말합니다. 그는 이와 같이 형제운동은 유사하거나 다른 성격을 가진 다양한 사람들의 작은 모임을 통해 형성되었다고 합니다. 여기에서 알 수 있는 점은 형제운동이 처음부터 중심이 되는 몇 사람이 어떤 방향과 계획을 가지고 시작한 것이 아니었다는 것입니다.

그러나 이때는 아직 브레드린의 전형적인 예배방식이 완전히 자리 잡기 전이었습니다. 브레드린 예배의 특징은 성령의 역사를 중시하기 때문에 정해진 규칙이나 순서 없이 성찬식을 중심으로 자유롭게 참여하는 열린 예배입니다. 그러나 엠블리는 더블린 모임이 처음에는 이런 식으로 예배하지 않았다고 하였습니다.

「크로닌은 언기어가의 모임에서 처음 시작할 때뿐 아니라 그 후 오랫동안 그들 중 누가 떡과 잔을 나눌지, 모임에서 누가 섬길지 등을 미리 정해두는 것에 대하여 거리낌이 없었다고 회상하였다. 또 1834년 언기어가에 합류한 스토니(James B. Stoney, 1814~1897)는 "그때 스톡스는 매 주일 정기적으로 성경 일부를 읽곤 하였다"라고 말하였다.」

위의 글에서 보듯이 언기어가에서는 자유로운 예배 방식이 도입되는 과도기의 상태였을 것입니다. 이러한 일련의 과정을 거치면서 이 모임에 복음주의적인 사람들이 끊임없이 더해짐으로 더블린에서의 형제운동은 발전하게 되었습니다.

❸ 형제운동 초기의 다비(John Nelson Darby, 1800~1882)

더블린에서 시작된 형제운동을 여러 지역으로 널리 전파하면서 하나의 조직으로 만든 사람은 아일랜드의 성직자였던 다비입니다. 따라서 더블린의 초기 지도자들 중에 다비를 살펴보는 것은 중요합니다.

다비는 1800년 11월 18일에 아일랜드계의 성공한 사업가인 대지주의 아들로 태어나서 1819년에 더블린의 트리니티 칼리지(Trinity College)를 졸업하였습니다. 그 후 법률가로 성공한 그의 매형 패네파더(Edward Pennefather)의 영향으로 법률가가 되었고, 1822년에 아일랜드 상법부의 변호사가 되어 법조계에서 출세가도에 있었습니다.

그러던 중 다비는 회심하여 1825년부터 강력한 복음주의자가 되었습니다. 그는 1825년에 국교회의 부제(Deacon)직을 임명받은 후 더블린의 대주교 매기(William Magee)에 의하여 위클로우(Wicklow)의 칼라리(Calary)로 보내졌습니다. 그는 언덕과 습지를 지나는 거칠고 험한 지역을 몇 시간이나 말을 타거나 걸어 다니면서 그 교구에서 끈기 있게 일하였습니다. 그가 돌보던 가난한 노동자들처럼 시골 농부의 작은 집에 머물면서 집에 돌아오기까지 자정이 넘도록 건강을 해치면서까지 전도하였습니다.

뉴먼은 그의 헌신적인 사역에 대해 로마가톨릭 소작인들은 그를 거의 중세의 성인으로 우러러보았다고 하며 다음과 같이 말하였습니다.

「그들에게 천국의 인은 한 사람에게서 너무나 분명하게 나타났는데 금욕에 물들어 있고, 세상적인 화려함 위에 뛰어나고, 그들의 궁핍에 참여하는, 이런 사람 12명만 있으면 아일랜드 전체를 개신교로 개종하는데 교회의 모든 조직보다 더 많은 일을 했을 것이라고 확신하였다.」

다비의 열성으로 일주일에 600명에서 800명 정도의 로마가톨릭교도들이 개신교로 개종하였다고 하였습니다. 이와 같이 헌신적이었던 다비는 일 년 후 1826년 2월 19일에 공식적으로 국교회

의 성직자로 임명되었습니다.[17]

앤드루 밀러(Andrew Miller)는 다비가 승마 사고 이후에 더블린에서 요양하던 1827년에서 1828년 사이 겨울에 다비와 다른 3명이 떡을 떼는 일을 시작하였다고 하였습니다. 그리고 이것이 더블린 형제운동의 기원이라고 암시하고 있습니다. 그러나 엠블리는 그것이 다비의 개인적인 구두 진술에 근거하고 있기 때문에 주의할 필요가 있다고 지적합니다.[18] 왜냐하면, 앞에서 살펴보았듯이 1829년에 허친슨의 집에서 따로 모여 떡을 떼는 것에 대해 다비와 벨렛이 매우 불안하게 여겼기 때문입니다. 그리고 그 당시 다비는 성직자의 직위를 가지고 있던 상태에서 떡을 떼는 모임에 참석하였습니다.

다비가 부목사직을 사직한 것은 1828년 말이나 1829년 초로 보입니다. 그러나 그가 국교회로부터 완전히 분리된 것은 그로부터 몇 년이 더 지나서입니다. 벨렛은 1834년이 되어서도 그에 대해 단지 '국교회로부터 거의 분리된'으로 서술했기 때문입니다. 이러한 상황을 종합해 보면 더블린과 플리머스에서 공식적인 모임이 시작되던 초기에 다비는 적극적으로 참여하지 않고 거리를 두고

---

17) 다비가 더블린에 있을 때 주로 패네파더의 집에 있었으므로 패네파더의 집에서 가정교사로 있던 벨렛을 만났고, 또 뉴먼도 만났다. 그리고 벨렛을 통하여 그로브스를 만나게 되었다.

18) 앤드루 밀러는 1879년에 '브레드린, 그 기원과 발전과 간증(The brethren(commonly so-called) : a brief sketch of their origin, progress and testimony)'이라는 책을 저술하였다. 이 책은 다비가 그에게 비개방적 브레드린의 입장에서 다비 자신의 관점으로 설명한 것이기에 형제운동의 역사를 바르게 이해하는 데 오해의 소지가 많이 있다.

있었다는 사실을 알 수가 있습니다.

(2) 플리머스(Plymouth)

형제운동은 더블린에서 시작되었지만 플리머스에서 가장 큰 규모로 성장하였고, 이곳에서 그들의 독특한 교회의 모습이 알려졌습니다. 따라서 '플리머스 브레드린'이라는 이름을 얻게 되었습니다.

❶ 플리머스 브레드린의 초기 지도자

플리머스 브레드린의 대표적인 지도자로는 뉴턴(Benjamin W. Newton, 1808~1899), 위그램(George V. Wigram, 1805~1879)과 홀(Percy F. Hall, 1804~1884)이 있습니다.

뉴턴은 1807년 12월 12일에 데본포트(Devonport)의 퀘이커교도 가정에서 태어나 영국 국교도로 자랐습니다. 모계 쪽으로는 폭스(Fox) 가족과 퀘이커교도인 친우회(Society of Friends)의 명망 있는 사람들과 연결되어 있었습니다. 그는 1824년 17세의 나이에 옥스퍼드의 엑서터 칼리지(Exeter College)에 입학하였고, 1827년 1월에 복음주의자로 회심하였으며, 1829년에 최우수 성적으로 학위를 얻었습니다.

뉴턴이 다비를 알게 된 것은 자신의 친구인 뉴먼을 통해서입니다. 뉴먼은 패네파더의 집에서 다비를 만난 후 강한 영향을 받아서 다비가 옥스퍼드에 방문하도록 끈질기게 요청하였습니다. 1830

년에 다비가 옥스퍼드 대학에 방문했을 때 뉴턴은 뉴먼의 소개로 다비를 처음 만나게 된 것입니다. 그 후 뉴턴은 옥스퍼드를 떠나 플리머스에 정착하였습니다.

다음으로 위그램을 살펴보면, 그는 1805년에 아일랜드계 부유한 상인의 20번째 아들로 태어났으며 뉴턴의 친한 친구였습니다. 그는 근위대에서 근무하다가 회심한 뒤에 성직자가 되기 위하여 퀸스 칼리지(Queen's College)에 입학하였습니다. 그도 다비가 1830년에 옥스퍼드 대학에 방문했을 때 다비를 만났습니다. 이 만남 이후 위그램은 다비의 사역 기간에 있었던 험난한 위기 속에서 가장 충실한 동역자가 되었습니다.

그 해에 위그램은 스코틀랜드를 방문하고 더블린에서 언기어가 모임에도 참석하였습니다. 옥스퍼드로 돌아와서 성직자가 되려고 하였으나 그의 저교회파[19]적 견해 때문에 성직 임명을 거부하였습니다. 그 후 종교적 활동과 자선 사업에 헌신하고자 1831년에 플리머스에 정착하였습니다.

마지막으로, 홀은 해군 사령관(Commander)의 지위에 올랐으나 사임하고 플리머스에 주둔한 해안경비대를 지휘하고 있었습니다. 다비가 플리머스에 왔을 때 성경의 예언 연구에 관심을 가진 사람

---

19) 19세기가 진전됨에 따라, 영국 국교회는 3개의 흐름이 있었는데, 그 중에서 저교회파(低敎會派, Low Church)는 복음주의 계열이다.

들을 접했는데 그들 중에서 홀을 만나게 되었습니다.[20] 홀은 초기에 야외 전도와 설교로 많은 사람들이 플리머스 브레드린에 들어오는데 공헌하였습니다.

❷ 플리머스 브레드린의 형성 과정

플리머스에서 모이기 시작한 브레드린의 구체적인 모습을 살펴보는 것은 브레드린을 이해하는데 도움이 됩니다. 1830년에 뉴턴의 초청으로 다비가 플리머스에 와서 위그램과 홀을 알게 되면서 플리머스 브레드린의 초기 지도자들이 만나게 되었습니다. 그리고 위그램이 구입한 예배당에서 성찬식을 시작하면서 그들의 이상이 보다 구체적으로 실현되고 발전되었습니다.

위그램은 1831년 12월 2일에 랠리가(Raleigh Street)에 있는 비국교도의 신축 건물인 '프로비던스 채플(Providence Chapel)'을 구입하였습니다. 당시는 성경의 예언 연구에 대한 관심이 높은 시기였기 때문에 예언에 관한 대중설교를 위해 건물을 구입하였을 것입니다. 여기에서 월요일 저녁에 3주 동안 성경강해가 있었는데 많은 복음주의 목사들이 참석하였습니다. 뉴턴은 여기에서 더블린에서와 같이 성찬식을 행하는 독특한 형태의 예배가 시작되었다고 말합니다. 엠블리는 랠리가교회에서 떡을 떼는 것은 그 다음 해가 되어서야 가능했다고 말합니다.

---

20) 뉴턴이 옥스퍼드에서 다비를 만난 후에 다비가 플리머스에서 설교하도록 플리머스의 자기 집으로 초청하였다. 그래서 다비는 1830년 12월 초에 아일랜드에서 플리머스로 돌아왔다.

「형제들이 랠리가(Raleigh Street)교회에서 공적으로 주일 예배를 드릴 수 있었던 첫날은 1831년 12월 18일이다. 그러나 매매가 완료된 12월 5일 이전에 예언에 대한 강의가 시작된 것 같지는 않다. 만약 첫 주일 예배가 성탄절이 되면 이를 취소했었을 것이므로 첫 번째 공적 주일예배는 아마 안전하게 1832년 1월로 정해졌을 것이다.」

위의 글에서 알 수 있듯이 엠블리는 더블린에서 태동한 형제운동이 1832년에 플리머스에서 공식적으로 출현했다고 말합니다. 위그램의 제안으로 시작된 떡을 떼는 모임은 예배 후에 교회 부속 건물인 성구실에서 비공식적으로 모였습니다. 여기에는 플리머스 초기 지도자였던 다비, 뉴턴, 위그램, 홀과 소수의 여성이 참석하였습니다. 그리고 다음 주일에는 예배당 안에서 공식적으로 성찬식이 준비되었습니다.

이 과정에서 그들은 지나치게 종교적이라는 인상을 피하고자 단순히 믿는 사람들이 모인다는 것을 의미하는 용어로 '모임 (assembly)'을 사용하였습니다.[21] 이 '모임'의 예배는 더블린 모임을 모방하여 찬송, 기도, 가르침, 그리고 성찬식으로 이루어졌습니다.

뉴턴은 기대하지 않았던 위그램의 행동에 대해 "자신과 다비는

---

21) 믿는 신자들을 건물이나 조직과 더 많이 관련된 '교회'라는 단어로 부르기보다 '모임(assembly)'이라고 불렀던 것이다. 다비는 파멸된 교회로부터 취해져서 남은 자가 이 회중(assembly, 모임)이 될 것이라고 하였다. 다비역 성경은 교회를 회중(assembly, 모임)이라고 번역하였다.

놀랐고 혼란스러워하였다"고 회상하였습니다. 당시에 뉴턴은 여전히 성공회 대학에 속해 있었고, 아직 영국 국교회를 떠나는 결단을 하지 않았기 때문입니다. 그러나 위그램의 주도력으로 이때부터 떡을 떼는 브레드린의 독특한 예배 방식이 랠리가교회에서 계속되었습니다. 그리고 이러한 모습이 브레드린 교회의 특징으로 자리 잡기 시작하였습니다.

이처럼 형제운동은 처음부터 누군가에 의하여 주도적으로 계획되거나 의도된 것이 아니었습니다. 초기 지도자들의 이상이 모이면서 자연스럽게 시작되었고 서서히 정체성을 가지게 되었습니다. 그들은 랠리가의 예배당이 공공 예배 장소로 허가를 받았음에도 불구하고 주로 월요일에 예배를 드리면서 자체적으로 교회를 세우려고 의도하지 않았습니다. 그러나 점차 예배방식과 교회 구조에서 독자적인 교회의 모습이 드러나기 시작하였습니다.

플리머스의 랠리가교회는 영국의 성직자들과 지도자들이 합류하면서 얼마 지나지 않아 사람이 많아져서 1840년에는 천 명 정도가 모였습니다. 그래서 주요 집회를 위해 에브링턴가(Ebrington Street)로 옮겨갔습니다. 플리머스의 교회는 당시 형제운동이 일어난 곳 중에서 가장 많은 회중이 모였으며, 영국에서 처음으로 브레드린 교회로 알려졌습니다. 그리하여 '플리머스 브레드린'은 영국 분파의 하나로 인식됩니다.

❸ 플리머스 브레드린의 성공 원인

플리머스의 교회는 교회 자체의 확장에는 그리 큰 관심을 갖지 않았지만 복음사역은 지도자들의 격려로 주변의 시골지역까지 뻗어 나갔습니다.

플리머스에서 형제운동이 성공하게 된 첫 번째 이유로 지도자들의 지도력과 헌신을 꼽을 수 있습니다. 비록 그리스도의 재림에 대해 위그램과 홀, 그리고 뉴턴 사이에 교리적 차이가 있었지만 플리머스 브레드린이 발전하도록 상당한 원동력을 제공하면서 협력하였습니다.[22] 특히 철두철미한 교사였던 뉴턴의 가르침이 플리머스 브레드린을 이끌어갔습니다.

여기에다가 다비가 처음에 주저하던 태도를 버리고 적극적으로 개입하면서 플리머스 브레드린은 빠르게 성장하게 되었습니다. 그는 영국과 아일랜드의 여러 지역에서 순회설교를 하였기 때문에 자주 플리머스에 머물지는 않았습니다. 하지만 교회의 질서와 절차를 결정하는 데 주도적인 영향을 미쳤습니다. 코드는 다비의 초기 편지들을 보면 그가 마치 사도가 된 듯한 마음으로 편지를 썼다고 말합니다. 이때는 아직 교회론에 대한 다비의 극단적인 교리가 계발되기 전이었습니다.

---

22) 위그램과 홀은 구제사역에도 동역하였다. 특히 1832년 2월 말 사우스사이드가(Southside Street)에 'Temperance Clubroom'를 세웠다. 이곳에서는 매일 아침과 저녁에 차, 코코아, 롤과 버터를 가난한 사람들에게는 원가로, 돈이 없는 사람들에게는 무료로 제공하였다.

두 번째는 플리머스의 복음적인 배경입니다. 국교회의 강경한 칼빈주의 목사인 로버트 화커(Robert Hawker, 1753~1827)는 1827년에 이르기까지 43년 동안 플리머스에서 활동하면서 복음주의적인 분위기를 만들었습니다. 이런 배경에서 랠리가교회는 복음을 전하는데 열심이었고, 특히 홀에 의한 야외 전도로 수많은 회심자가 그들의 모임에 더해졌습니다.

세 번째는, 새로운 지도자들이 더하여진 것입니다. 1832년 9월에 플림스톡(Plymstock)의 목사보이자 순수한 복음주의자였던 해리스(James L. Harris, 1793~1877)가 브레드린에 합류하였습니다. 해리스는 부유한 플리머스 출신의 이튼학교(Eaton school) 졸업생으로서 엑서터 칼리지의 연구원(Exeter College Fellow)이었습니다. 그는 '그 부모가 선하든 악하든 상관없이 무분별하게 모든 사람에게 적용되는 유아세례와 장례 예식에 대한 반대'를 이유로 국교회에서 탈퇴하였습니다.

1833년에는 콘월(Cornwall)에 있는 성케인(St. Keyne)의 학장이었던 보레이스(Henry Borlase, 1806~1835)가 동참하였습니다. 그는 '교회는 예식이나 의식이 아니라 두세 사람이 주님의 이름으로 모여 주님이 그들 가운데 함께 하는 것'이라고 하였습니다. 이어서 해리스의 영향을 받은 웨스트 컨트리(West Country)의 목사 힐(Richard Hill, 1799~1880)이 동참하였습니다. 그리고 1835년 초에 트레겔레스(Samuel Prideaux Tregelles, 1813~1875)가 동참하였습니다.

엠블리는 "더블린과 플리머스에서의 첫 모임들은 고학력을 가진 사람들이 많았고, 이는 꽤 큰 수의 귀족 계층을 포함하고 있어서 이 분야의 사람들을 계속해서 끌어들였다"고 하였습니다.[23]

플리머스에서 교회가 성장한 것은 무엇보다 성도들의 사랑과 충만한 교제가 있었기 때문입니다. 처음에 성도들은 반 공동체 생활을 하였습니다. 그들은 자유롭게 다른 성도들의 가정을 방문해 식사와 영적인 교제를 나누었습니다. 다비와의 논쟁 이후 플리머스를 떠나며 마음이 비뚤어진 뉴턴은 초기 관행을 다음과 같이 말하였습니다.

「형제들은 서로의 집에서 살았다. 초기 형제들에게 가정의 사생활 같은 것은 없었다. 저녁을 먹을 때에는 항상 우리 식솔들 외에도 예닐곱 명이 더 있었고 내 건강이 매우 좋지 않았을 때 이것은 끔찍한 일이었다. 나는 이런 관행을 바꿀 수도 없었고 인내할 방법도 알지 못했다. 이게 언제였느냐 하면 바로 1836년이었다.」

이와 같이 플리머스의 교회는 사랑의 친교로 결속되어 있었습

---

23) 엠블리는 '형제 중에 인도자들(Chief Men Among the Brethren 전도출판사)'에서 소개한 1820년 이전에 태어난 44명의 남성들의 배경 중 12명이 성공회 성직자였거나 브레드린에 속하기 전 성직자가 되기 위해 훈련 받고 있었다는 사실을 밝혔다. 5명은 자유교회(Free Church)의 목사였고, 4명은 변호사, 12명은 지주, 4명은 의사·교사, 5명은 사업자, 1명은 배우, 그리고 1명은 예술가였다. 이 통계에 덧붙여, 초기 44명 중 8명이 군대나 해군의 수당을 받는다고 하였다. 그러나 이 운동이 발전하면서 노동층과 중하위층 사람들이 더해졌다.

니다. 에드워드 어빙은 심지어 '저 사랑의 구렁텅이(that slough of love)'라고 비난하듯이 말하였습니다. 자비량 할 수 있는 사람들은 자신의 안락함을 버리고 기쁨으로 자기의 모든 에너지를 사역에 쏟아 부었습니다. 부유한 사람들도 검소하게 생활하며 가난한 성도들과의 자유로운 교제에 어떤 장애도 없었습니다.

플리머스 브레드린의 성장에는 당시의 예배 분위기도 한 몫 하였습니다. 콜이 서술한 '플리머스 브레드린의 기억'에는 브레드린 교회의 성장과 분위기를 다음과 같이 전합니다.

「브레드린의 예배는 주로 조용하고 평화로웠으며 성스럽다는 느낌이 들었다. 그들은 깊은 명상에 잠긴 채 하나님이 가까이 있는 듯 부드러운 선율의 성가를 천천히 불렀고, 이러한 모습은 1843년으로 들어서는 해에는 압도적이었다. 그 시기의 교회는 수적 팽창을 이루었고, 랠리가의 작은 공간은 신자들로 넘쳐서 결국 에브링턴가의 건물로 옮겨 1,400여 명의 신자를 수용하게 되었다.[24]」

위의 글에서 보듯이 플리머스에서 브레드린은 성직자가 주도하지 않고 일반 신자에 의해서 진행되는 열린 예배 형식의 성찬식으로 특성 있게 발전되어 나갔습니다. 플리머스의 랠리가교회는 점

---

24) 다른 기록에는 1,000명으로 되어 있다.

점 성장해서 1840년에는 에브링턴가에 새 예배당을 건축하고 기존에 사용하던 랠리가의 예배당은 부속건물로 사용하였습니다.

플리머스의 브레드린이 역동적이고 탁월한 교회였다는 것은 분명한 사실입니다. 다비가 분리해 나가기 전까지 14년 동안 플리머스의 교회는 단일 교회가 경험하기 힘든 성공과 은사의 풍성함을 누렸습니다. 그러나 코드는 이들의 헌신과 열심이 훌륭하고 귀하기는 하였으나 이 교회가 시작부터 치명적인 연약함을 가지고 있었다고 평가합니다. 왜냐하면 대부분의 가르침과 증거 사역이 예언을 해석하는 것이었고, 그 해석에 따르면 당시 교회는 모두 종말론적으로 변절하여 심판 아래 있다고 주장하였기 때문입니다. 따라서 플리머스의 분위기가 다른 교회는 부패하였고 변절하였기 때문에 거기로부터 분리되어 나오라는 호소로 가득하였다는 것입니다.

(3) 브리스톨(Bristol)

브리스톨은 조지 밀러와 헨리 크레이크의 사역으로 개방적 브레드린의 주요 원칙들이 세워지고 형제운동이 꽃을 피운 곳입니다. 특히 조지 밀러가 1834년에 세운 국내외를 위한 성경지식협회(The Scriptural Knowledge Institution for Home and Abroad)는 교육과 선교사역에 지대한 공헌을 하였습니다. 무엇보다도 보육원 사역은 조지 밀러의 이름을 전 세계에 널리 알려지게 하였습니다.

❶ 조지 뮐러(George Muller)와 헨리 크레이크(Henry Craik)의 만남

조지 뮐러(George Muller, 1805~1898)는 1805년에 독일 크로펜스테트(Kroppen-stedt)의 부유한 가정에 태어나 방탕한 유년시절을 보냈습니다. 그러나 친구의 권유로 작은 기도모임에 참석하였다가 감동을 받고 1825년 11월에 회심하였습니다. 그 후 유대인들을 위한 선교사가 되기 위하여 런던으로 와서 1829년 3월에 런던 유대인협회(London Jews' Society)에서 훈련을 받기 시작하였습니다. 그해 7월에는 병에 걸려 요양을 위해 틴머스(Teignmouth)에 갔다가 에벤에셀 침례교회(Ebenezer Baptist Chapel)에서 스코틀랜드 국교회(Church of Scotland) 목사의 아들인 크레이크를 만났습니다.[25]

틴머스에 있는 동안 조지 뮐러는 성경의 권위를 확언하며 선택교리(doctrine of election), 특정적 구속(particular redemption), 성도의 견인(perseverance of the saints), 그리스도의 재림에 대한 전천년설 등의 교리에 대해 체계를 세웠습니다. 이러한 부분에서 교리적 견해가 일치하면서 조지 뮐러와 크레이크는 더욱 가까운 사이가 되었습니다.

조지 뮐러는 런던으로 돌아온 1829년 가을에 크레이크를 통해

---

25) 크레이크는 세인트 앤드루(St. Andrew's) 대학에서 학업을 마친 후, 엑서터에서 그로브스의 가정교사가 되어서 1826년 8월부터 1828년 봄까지 그의 신학공부를 돕고 있었다. 그는 1828년 6월부터 틴머스에 있었는데, 그곳에서 1829년에 조지 뮐러를 만났다. 그들은 그 후 37년 동안 변함없는 우정으로 동역하였다. 크레이크는 1866년 1월 22일까지 살면서 조지 뮐러와 동역하였는데, 조지 뮐러는 그들의 견해가 다를 때에도 의견의 충돌이 없었다고 말하였다.

서 그로브스의 설교를 접했습니다. 그 다음 해 1월에 성직 임명에 대해 그로브스와 비슷한 견해를 갖게 되면서 선교단체와의 관계를 끊었습니다. 왜냐하면 목사 안수를 받아야 선교할 수 있다는 루터교회나 영국 국교회의 입장을 비성경적이라고 여겼기 때문입니다. 그런 형식들은 전형적인 제도적 방식일 뿐 하나님의 일을 하기 위해서 사람으로부터 위임을 받는 것이 필요하지 않다고 생각하였습니다.

또한, 하나님의 종으로 섬길 때 어떤 조직으로부터 받는 정기적 봉급에 의존하기보다는 오히려 믿음으로 살아야 한다고 깨달았습니다. 조지 뮐러는 1830년 초에 틴머스에서 은퇴한 목사의 후임자가 되어 18명이 모이는 작은 교회의 목사가 되었습니다. 그리고 그 해 10월에 그로브스의 누이인 메리 그로브스(Mary Groves)와 결혼하였습니다.

이 시기에 조지 뮐러는 신약을 깊이 연구하면서 개방적 브레드린의 주요 원칙들을 세웠습니다. 신자에게 침례를 주고 매주 성찬식을 행하기 시작한 것입니다. 그리고 성찬식이나 교회의 모임에서 어느 성도나 말씀을 전할 수 있는 자유도 수용하였습니다. 또한, 조지 뮐러는 결혼 직후에 목사의 봉급을 제공하는 좌석료 제도를 폐지하였습니다. 대신에 자신들을 위한 헌금 상자를 예배당에 두고 회중의 자발적인 헌금에 의지하는 생활을 시작하였습니다.

그리고 성경을 연구하면서 모든 신자는 제사장이므로 성직자와 평신도를 구분해서는 안된다고 확신하게 되었습니다. 그는 그로 브스와 크로닌이 깨달은 대로 모든 신자에게 제사장 직분이 있다 는 것과 성찬식의 집례를 성직자들에게만 제한하는 것이 성경에 근거가 없다는 사실을 받아들였던 것입니다.

❷ 조지 뮐러와 크레이크의 동역

크레이크는 1832년 3월 30일부터 한 달 동안 브리스톨의 기드 온(Gideon) 교회에서 설교하게 되었습니다. 1829년에 크레이크의 설교를 들었던 브리스톨의 한 복음주의자가 크레이크가 브리스톨 로 오기를 간절히 청하였기 때문입니다. 그의 설교는 큰 반응을 일 으켰고 크레이크는 조지 뮐러에게 동역을 요청했습니다. 모든 예 배에 엄청난 사람들이 몰려들었습니다.

결국 두 사람은 그들의 요청을 받아들여서 기드온교회에서 공 동으로 목사직을 수행하기로 하고 1832년 5월 25일에 브리스톨로 이사하였습니다. 그때에 두 사람이 제시한 조건은 형제운동의 정 신과 일치하였습니다. 즉 자신들이 성직자로 인식되지 않고 하나 님이 인도하시는 가운데 자유롭게 일하기를 바라는 것, 고정된 봉 급을 받지 않고 오직 성도들의 자발적인 헌금에만 의존하겠다는 것, 그리고 당시 목사의 봉급을 확보했던 교회 좌석료 제도를 폐지 하겠다는 것이었습니다.

기드온교회가 비록 이런 조건들을 받아들이기는 하였지만, 두 사람이 이 교회에서 자신들의 뜻을 펴기는 쉽지 않았습니다. 그래서 두 사람은 기드온교회를 섬기면서 1832년 7월 6일, 브리스톨에 있는 베데스다(Bethesda)라는 이름의 예배당에서 예배를 드리기 시작했습니다. 어느 독지가가 첫 해 임대료를 내주었습니다. 그해 8월 13일 조지 뮐러의 일기에는 그날 저녁 7명이 모여 베데스다에서 하나의 교회공동체가 시작되었다고 적혀있습니다.

「오늘 저녁에 한 형제와 네 자매, 크레이크와 내가 같이 둘러앉아 베데스다에서 교제를 형성하였다. 어떤 규칙도 없이, 오직 주님께서 기쁘게 그분의 말씀을 통하여 우리에게 빛을 비추어 주시도록 우리가 행하려고 하였다.」

그들은 모든 전통과 형식을 떠나 성경에 나오는 방식대로 모이기로 하였습니다. 그래서 철저하게 성경을 연구하며 깨달은 방식을 적용하였습니다. 이것이 형제운동의 저변에 깔려있는 정신입니다. 또한 그들은 그로브스로부터 영향을 받아 사람이나 물질적 조건에 의존하지 않고 오직 믿음으로 사는 원칙을 따르기로 하였습니다. 이후 조지 뮐러는 기도만으로 공급에 의존했는데, 그와 그의 가족은 돈이 필요한 시간에 끊임없이 정확하게 공급받았다고 회상하였습니다.

그러나 기드온교회가 교회 운영에 대한 이러한 원칙들을 다 받아들일 수는 없었습니다. 결국 두 사람은 1840년 4월 19일에 기드온교회에서 마지막 예배를 드리고 베데스다교회에서의 사역에 집중하였습니다. 회중 대부분이 베데스다교회로 옮겼고 기드온교회를 대체하여 살렘(Salem)교회가 설립되었습니다.

1841년 7월에는 자신들의 후원금을 받던 조지 뮐러와 크레이크의 이름이 쓰인 헌금 상자를 제거하였습니다. 그날 교회 앞에서 기존에 받았던 정기적 사례금에 대한 거절 의사를 다시 밝히며 이렇게 말하였습니다.

「우리가 그렇게 한 것은, 영적인 양육을 받는 사람들이 우리의 필요를 공급해 주는 것이 잘못된 것이라고 여겨서가 아니라, (1) 형제들의 베풂이 제약에 의하여서가 아닌 자원함이 되어야 하기 때문이고, (2) 야고보서 2장 1~6절에 근거하여 좌석료 제도에 반대하기 때문이다.」

이처럼 그들은 교회 안에서 자신들이 구별된 성직자로 보이는 어떤 것이라도 거부하였습니다. 그렇게 함으로써 형제운동의 이상인 성직자와 평신도의 구분을 없애고 자신들이 누릴 수 있는 물질적인 혜택을 기꺼이 포기하면서 믿음으로 사는 원칙을 지켜갔던 것입니다. 조지 뮐러와 크레이크의 헌신된 사역으로 그들이 섬기는 교회는 계속 성장하였는데 그들 중의 반 이상은 새로운 회심자들이었습니다.

1866년 크레이크가 죽었을 때 베데스다교회와 살렘교회의 성도는 1,000명이 넘었습니다. 그들은 그 동안 2,500여 명을 교제권으로 받아들였습니다. 1898년 조지 뮐러가 죽었을 때 베데스다 1 개의 회중은 10개의 회중으로 증가하였고, 그 중 6개 회중은 독립하였고, 나머지 4개 회중은 1,200여 명이 모였습니다. 이처럼 브리스톨의 교회는 계속 성장하였을 뿐만 아니라 개방적 브레드린의 중심지가 되었습니다.

❸ 조지 뮐러의 교육 사역과 보육원 사역

첫 번째로, 조지 뮐러의 교육 사역은 1834년에 설립한 성경지식협회(The Scriptural Knowledge Institution)을 통해 살펴볼 수 있습니다. 조지 뮐러는 이 협회의 목적을 세 가지로 말하였습니다. 성경의 원리에 기반을 둔 주간학교, 주일학교, 성인 주일학교를 설립하는 것, 성경을 보급하는 것, 그리고 선교를 후원하는 것으로서 작은 성서 공회(Bible Society) 같은 곳이었습니다.

이 협회는 주간학교를 돕기 위하여 성경, 소책자, 책을 공급하는 데 약 9만 파운드와 해외 선교에 26만 파운드를 지원하였습니다. 세계 곳곳에 위치한 주간학교들은 성경지식협회의 지원을 받은 많은 단체 중 하나였습니다. 어린이를 위한 약 8개의 주간학교와 성인들을 위한 6개의 학교를 돕는데 11만 5천 파운드가 넘는 비용을 지원하였습니다. 이들 주간학교는 스페인에 14개, 인도에 4개, 이탈리아에 1개, 영연방 기아나(British Guyana), 그리고 영국과 웨일스에 50여 개 이상이 있었습니다.

로저 스티어(Roger Steer)는 1870년대 초에 성경지식협회가 허드슨 테일러(James Hudson Taylor, 1832~1905)와 중국내지선교회(China Inland Mission)의 버팀목이었다고 하였습니다. 조지 뮐러의 교육 사역으로 11만 4천 명의 어린이가 성경지식협회의 주간학교와 주일학교에서 공부하였습니다. 보육원과 별도로 이 성경지식협회의 총 예산은 1834년 이후 46만 파운드였는데, 그 중 몇 십 만 파운드의 돈이 학교에 사용되었고, 나머지는 선교사들에게 보내어지거나 성경이나 다른 문서의 보급에 사용되었습니다. 조지 뮐러는 성경지식협회의 재정도 자신의 신념에 따라 오직 자원하는 헌금으로만 충당하려고 하였습니다. 그의 생애 동안에 이 협회를 통하여 대략 50만 파운드를 다른 기관에 기부하였습니다.[26]

두 번째로, 조지 뮐러를 기도의 사람으로 알려지게 한 것은 보육원 사역입니다. 그는 1836년에 세를 주고 믿음으로 애슐리 다운(Ashley Down)에서 보육원을 시작하였습니다. 그는 보육원 운영에 필요한 기금을 사람들에게 알리지 않고 오직 기도로만 공급을 받았습니다. 1838년 12월 조지 뮐러의 일기에 다음과 같이 적혀있습니다.

「보육원은 어느 것 하나 부족한 것이 없었다고 말할 수 있다. 내 손에 수 천 파운드의 돈이 있었다고 해도 그들이 지낸 것보다 더 잘 지낼 수

---

26) 이 협회를 통하여 280,000권의 성경전서, 1,500,000권의 신약성경, 1억 1,200권의 신앙 소책자가 제작 보급되었다.

없었을 것이다. 왜냐하면, 그들은 항상 영양가가 풍부한 좋은 음식을 먹을 수 있었고 필요한 옷이 있었기 때문이다.」

이와 같이 조지 뮐러는 기도와 믿음으로만 보육원을 운영하면서 시급한 지불 요청이 있어도 집 밖의 어떤 사람에게도 재정적인 필요를 절대 말하지 않았습니다. 극심한 자금 압박의 기간이 몇 년간 지속되기도 하였습니다. 그러나 그의 믿음의 원칙이 분명하게 공개적으로 나타나고, 그가 하나님께서 원하시는 것을 하고 있다면, 하나님께서 자금을 공급하실 것을 느꼈습니다. 그것은 하루하루를 순수하게 믿음으로 살아가야하는 쉽지 않은 모험이었습니다. 조지 뮐러는 이렇게 믿음으로 사역한 경험에 대하여 자신의 청지기 사역을 꼼꼼하게 기록하는 것을 공적인 의무로 여기고 매년 상세한 연간 보고서를 발행하였습니다.

1849년 6월 18일, 보육원을 처음으로 새로 지은 건물로 옮겼는데 거의 1만 5천 파운드를 들여 지은 것이었습니다. 22년간 어떤 대중적인 호소도 없이 마련된 기금이 11만 3천 파운드를 넘었다고 1856년에 기록하였습니다. 그 후 1857년 11월, 1862년 3월, 1868년 11월, 1870년 1월에 새로운 보육원들이 문을 열어서 애슐리 다운에 5개의 보육원이 세워졌습니다.

조지 뮐러는 1898년 세상을 떠날 때까지 62년 동안 운영한 보육원 사역을 통해 150만 파운드의 후원금으로 약 1만 명의 고아들을 돌보았습니다. 이는 외부에 어떤 재정적 요청도 없이 이루어진 것이었습니다. 코드는 조지 뮐러가 영국과 해외에 성경지식협회를 설립한 것과 보육원들을 운영한 것이 형제운동, 특히 개방적 브레드린에 지대한 공헌을 하였다고 말하였습니다. 조지 뮐러의 믿음의 모험이 성공을 거두면서 그의 열정과 헌신이 전염되듯이 번져 갔고, 형제운동의 확산에 큰 자극제가 되었기 때문입니다. 코드는 "브리스톨이 개방적 브레드린에 미친 영향은 헤아릴 수 없을 정도였다"라고 평가하였습니다.

(4) 반스테플(Barnstaple)

반스테플은 개방적 브레드린에 지대한 영향을 미친 채프먼이 사역했던 곳입니다. 이곳에서의 형제운동을 살펴보기 위해서는 채프먼의 사역과 형제운동에 미친 영향에 대하여 알아볼 필요가 있습니다.

(1) 채프먼(Robert C. Chapman)의 사역

채프먼(Robert C. Chapman, 1803~1902)은 1803년 1월에 덴마크의 엘시노어(Elsinore)에서 부유한 상인의 아들로 태어나 많은 하인들이 있는 화려한 집에서 프랑스 신부에게 교육을 받으며 자랐습니다. 교육을 위하여 요크셔(Yorkshire)로 온 후 언어와 문학에 관심을 가졌는데 그는 5개 국어를 유창하게 구사할 수 있었습니다. 그는 1823년에 에번스의 설교를 듣고 회심하여 침례를 받았습니다.

채프먼은 비록 런던에서 성공한 변호사가 되었지만, 자신의 직업에 흥미를 잃어버리고 그로브스처럼 자신의 소유를 모두 기부하고 복음에 전 생애를 바치기로 하였습니다. 채프먼은 그리스도를 따르는 것에 있어서 모든 것을 버리기 전까지는 평안함이 없었습니다. 그에게 있어서 '모든 것을 버린다'는 것은 그가 가진 모든 재산을 팔고, 큰 재산을 다른 사람들에게 나눠주며, 법조인으로서의 신망과 신분으로부터 등을 돌리는 것을 의미했습니다.

채프먼은 가난한 사람들 가운데서 사역하기를 원하였습니다. 그는 "하나님이 세상에 대하여는 가난한 자를 택하사 믿음에 부요하게 하시고 또 자기를 사랑하는 자들에게 약속하신 나라를 유업으로 받게 아니하셨느냐?"(약 2:5)는 말씀을 그대로 따르고자 하였습니다. 1832년에 작은 공업도시인 반스테플에서 엄격한 침례교회(Strict Baptist)인 에벤에셀(Ebenezer)교회의 초청으로 목회를 시작하였습니다. 그는 성경에서 발견한 모든 것을 자유롭게 가르칠 수 있다는 조건을 제시하며 목회를 수락하였습니다. 이것은 오직 성경에 기록된 대로 교회를 세우고자 하는 형제운동의 초기 지도자들이 가지고 있었던 공통점입니다.

채프먼은 먼저 반스테플 노동자들의 숙소에 거처를 마련하고 이 지역의 중심지에 작은 집을 구입하였습니다. 그곳은 술 취함과 오물, 시궁창의 쥐들과 병이 득실거리는 가축우리와 같은 곳이었지만, 채프먼은 극도로 가난한 사람들에게 전도하기 위해 그들과 함께 살았습니다. 채프먼의 집을 방문하는 사람들은 항상 환영을 받았습니다. 그는 지속적으로 집을 개방하고 어려운 성도들을 돌보고 심방과 구제 사역에 힘을 쏟으면서 교회를 세워나갔습니다.

채프먼은 침례를 받은 사람들만 회원으로 받아들이는 엄격한 침례교 지침을 따르지는 않았습니다. 또한, 성경연구를 통하여 침례 받은 신자들만 성찬식에 참여할 수 있도록 허락되어야 한다는 개념을 거절하고, 침례와 무관하게 그리스도를 믿는 모든 신자에게 성찬식을 개방하였습니다.

채프먼의 사역에서 주목할 만한 점은 교파에 매이지 않고 모든 그리스도인을 사랑하였고, 모든 교회를 품었다는 것입니다. 분파적인 명칭을 인정하지 않았고 교파의 이름을 들으면 그것이 자신의 귀를 불쾌하게 만든다고 하였습니다. 하지만 그리스도께 속한 모든 사람에게는 애정을 잃지 않았습니다. 그들이 어떤 이름을 사용하든지 상관하지 않고 반가이 맞아주었으며 하나님의 모든 교회를 품어주는 기도를 하였습니다.

채프먼은 그로브스와 조지 뮐러의 삶에 상당한 영향을 미쳤던 파젯(Bessie Paget, 1783~1863)을 통하여 형제운동에 참여하게 되었을 것입니다. 혹은 그로브스, 조지 뮐러, 크레이크와 친밀했기 때문에 개방적 브레드린과 관계를 맺게 되었다고도 볼 수 있습니다. 모든 교파를 초월해서 그리스도인이 연합되기를 추구하였던 채프먼은 자신이 맡았던 교회를 브리스톨에 있던 조지 뮐러와 크레이크가 사역했던 교회와 유사하게 만들었습니다.

채프먼의 지도력 아래 반스테플의 사역은 점점 커져서 데본 북부 마을에서 복음적인 활동의 중심지가 되었습니다. 이러한 그의 영향으로 1815년부터 20년 동안 그 지역의 북쪽에서 복음을 전해 오던 데본셔(Devonshire)의 상인 그리블(Robert Gribble)이 반스테플이나 브리스톨의 가르침을 그대로 받아들이게 되었습니다.

(2) 채프먼이 형제운동에 미친 영향

채프먼의 사역으로 반스테플 교회는 그 지역과 형제운동 전체에 새로운 활력소가 되었습니다. 또한, 5개의 언어를 능숙하게 구사하는 채프먼은 전도하기 위하여 자주 먼 지역에까지 걸어서 선교여행을 하였습니다. 특히 스페인과 아일랜드에서 형제운동의 확산에 크게 이바지하였습니다.

채프먼은 1902년 100세의 나이로 죽을 때까지 반스테플에 살면서 단순하고 거룩한 인격으로 브레드린에 큰 영향을 미쳤습니다. 특히 브레드린의 분열 이후 개방적 브레드린의 뛰어난 상담자로서 지도적 역할을 하였습니다. 그가 개방적 브레드린에 미친 영향에 대하여 코드는 다음과 같이 기록하고 있습니다.

「채프먼은 긴 세월을 살면서 그의 순수하고 거룩한 인품으로 19세기 개방적 브레드린의 탁월한 아버지이자 조언자의 역할을 하였다. 19

세기 브레드린에서 뛰어났던 사람들의 삶을 살펴보면, 당시 특별하게 경건하고 겸손했던 채프먼에 의하여 어떤 방식으로든 영향을 받지 않은 사람이 없을 정도이다. 반스테플은 브레드린의 '정신적 지주'가 되었다.」

채프먼의 인품과 성경적인 조언은 개방적 브레드린에게 많은 영향을 미쳤습니다. 특히 조지 뮐러와 크레이크는 교회의 구조와 질서에 있어 채프먼의 조언을 받아들였습니다. 그러나 채프먼은 설교자로서 재능을 보이지 않았습니다. 베넷(Bennet)은 처음 그의 설교를 들었던 사람들이 그의 은사에 대하여 의심을 표현하자, 채프먼은 "그리스도를 전하는 사람은 많이 있으나 그리스도를 살아내는 사람은 많지 않다. 나의 큰 뜻은 그리스도를 살아내는 것이다"라고 대답하였다고 합니다. 실제로 채프먼은 그리스도를 본받아 헌신하며 살겠다는 자신의 말처럼 가난한 사람들과 함께 했으며, 그의 삶과 인격을 통하여 개방적 브레드린으로부터 존경을 받으며 형제운동의 선구자가 되었습니다.

(3) 브리스톨과 반스테플 형제운동의 특징

엠블리는 브리스톨과 반스테플에서의 형제운동을 다음과 같이 평가하였습니다.

「비록 더블린이 첫 모임 장소였고 플리머스에서 그 이름을 따왔지만,

후속 역사에서는 형제운동의 가장 영구적이고 기독교적인 이상들은 브리스톨과 반스테플에서 처음으로 나타났던 요소들에서 비롯되었다고 강력히 주장한다.」

위와 같은 엠블리의 평가는 1848년의 분열 이후에 드러난 역사를 살펴볼 때 보다 분명하게 이해할 수 있습니다. 실제로 형제운동의 정신이 그대로 전해진 것은 분열 이후 개방적 브레드린에 의해서였기 때문입니다. 특히 플리머스의 지도자들은 더블린이나 브리스톨에 비하여 다른 교회에 대해 더 공격적인 태도를 취했습니다. 그들의 가르침은 그리스도인들을 세상과 임박한 심판 아래 있는 교회들로부터 불러내어 단순한 헌신의 교제 안으로 들어오라는 매우 종말론적인 경향이 있었습니다. 조지 뮐러와 크레이크도 그리스도의 재림이 가까이 왔다는 입장을 고수한 것은 분명하지만 그 기대감을 가르침의 기초로 삼지는 않았습니다.

브리스톨과 반스테플 교회의 특징을 살펴보면 첫 번째로, 진행 과정에서 더블린과 플리머스의 형제운동과 차이점이 있습니다. 엠블리는 브리스톨과 반스테플에서 더욱 긍정적인 성향을 찾고 있습니다.

「더블린과 플리머스의 교회는 불평, 불만 그리고 실험적인 시도의 이야기인 반면에 브리스톨과 반스테플의 경우는 어떠한 원칙들이 점진적으로 발전해가는 이야기에 더 가깝다. 전자의 사람들은 모든 것을 청산하고 다시 시작하였고, 후자의 사람들은 기존의 상황에서 시작하면서 그것을 형성하였다. … 조지 뮐러, 크레이크, 그리고 채프먼은 기초를 세우는 기간은 더 오래 걸렸지만, 이후에 일어난 일들을 보면 그들이 상대적으로 더 성공적이었음을 증명하고 있다.」

이처럼 더블린과 플리머스에서는 국교회이든지 아니면 비국교회이든지 기존 교회의 체제에 저항하면서 자신들의 원리들을 실현하고자 하였습니다. 이러한 성향은 이후에 다비가 주도권을 가지면서 더욱 강하게 드러났습니다. 그로브스는 1834년에 플리머스의 모임에 대하여 "그들과 의견을 달리하는 모든 사람들을 대적하는 연합된 간증으로 바뀌었다"고 우려를 표명하였습니다.

이에 비하여 조지 뮐러와 크레이크, 그리고 채프먼은 기존 교회의 상태를 인정하면서 자신들이 발견한 성경적 원리들을 적용하기를 원하였습니다. 그래서 플리머스의 교회는 교리적이고 분리주의적이었으나 브리스톨과 반스테플은 점진적이고 통합주의적이었다는 차이점이 있습니다.

두 번째로, 양쪽의 주요 구성원을 비교해 볼 필요가 있습니다. 더블린과 플리머스의 교회는 주로 영국 국교회 출신이지만 브리스톨과 반스테플의 교회는 침례교 출신들이 많았다는 것입니다. 당시에 침례를 받아야만 성만찬에 참여하고 교회에서 온전한 교제권에 들 수 있는가 하는 것은 미묘한 이슈였습니다. 초기 더블린과 플리머스에서는 침례가 성찬식에 참여하거나 교회의 회원이되는 중요한 조건은 아니었습니다.

그렇지만 브리스톨과 반스테플에서는 처음에는 성찬식이 모두에게 개방되었지만, 교회의 회원이 되기 위해서는 신자로서 침례를 받아야만 하였습니다. 그러다가 1837년부터 더블린과 플리머스처럼 침례와 상관없이 떡을 떼고 교회의 회원으로 받아들였습니다. 조지 뮐러와 크레이크는 채프먼과 함께 이런 원리를 오직 성경에서 찾아서 적용하였습니다.

3. 형제운동의 초기 확장

더블린에서 태동한 형제운동은 시작된 지 얼마 지나지 않았지만 계속 확장되어 영국제도를 넘어서 해외에까지 급속도로 뻗어나갔습니다. 특히 초기에 더블린과 플리머스의 브레드린은 부유하고 귀족적인 배경을 가진 사람들이 많아서 그 영향력은 더 컸습니다. 이들에 의하여 시작된 교회는 지역 언론의 관심을 끌었고 모임 장소를 위한 건축 자금을 마련하기 쉬웠습니다. 그리고 학식 있고 부유한 지도자들은 소책자를 출판하여 자신들의 주장을 지역사회에 알릴 수 있었습니다.

(1) 영국제도에서의 확장

1830년대에 형제운동은 플리머스와 브리스톨, 반스테플 주변 지역으로 점점 확대되었습니다. 특히 1835년부터 분리되어 나온 퀘이커교도들이 합류하면서 더욱 탄력을 받았습니다. 퀘이커교도들의 친우회(The Society of Friends)는 '내적인 빛(Inner Light)'을 강조하는 전통주의자들과 성경의 권위를 강조하는 복음주의자들 사이에서 10여 년간에 걸친 논쟁으로 심각하게 분열되어 있었습니다.[27]

그러다가 '친우회에 주는 횃불(A Beacon to the Society of Friends)'이 발행된 1835년 이후에는 공개적인 탈퇴가 이어졌습니다. 약 700여 명의 복음주의적인 퀘이커교도들이 분리되어 나왔는데 이들 중 상당수가 영국 국교회나 브레드린으로 들어갔습니다. 그것은 뉴턴이 퀘이커 집안이었으므로 브레드린에 쉽게 연결될 수 있었고, 또 다비의 매형인 패네파더의 집안이 크루도손 사람들과 접촉 되어서 다비와도 연결되었기 때문입니다. 특히 복음주의적이었던 그들이 경건하고 비형식적인 예배를 드린다는 면이나 평화주의자였다는 면에서 브레드린의 성격과 유사하여 쉽게 브레드린에 합류되었습니다.

---

27) 이 논쟁은 1834년 영국의 켄달(Kendal) 및 맨체스터에서 복음주의자인 이삭 크루도손(Isaac Crewdson, 1780~1844)이 '그리스도의 대속을 믿음으로 의롭다 함을 얻는 것'으로 여긴 복음주의적 교리를 주장하면서부터 시작되었다.

❶ 영국에서의 초기 확장

뉴턴의 지도 아래에서 빠르게 성장한 플리머스 브레드린의 영향을 받아서 형제운동은 주변의 도시들로 점점 확산되었습니다. 그래서 살콤(Salcombe), 데본포트(Devonport), 스톤하우스(Stonehouse)에서 브레드린 교회가 시작되었습니다.

또한 플리머스의 초기 지도자인 홀의 전도로 헤리퍼드(Hereford)와 몬마우스(Monmouth) 지역에서도 교회가 시작되었습니다. 1837년 헤리퍼드에서는 홀을 초청하여 설교를 들었는데, 그의 설교를 듣기 위하여 수백 명이 모여들면서 브레드린 교회가 세워졌습니다. 부유한 상인 윌리엄 얍(William Yapp, 1800?~1874), 변호사 험프리스(Humphrys), 외과의사 그리피스(Dr. Griffiths) 등을 비롯한 여러 유지들이 중심이 되었습니다.

스카버로(Scarborough)에서 온 의사 로완(Dr. Rowan)은 전부터 브레드린과 비슷한 모임을 가지고 있었는데 헤리퍼드교회가 형성된 소식을 듣고 여기에 합류하였습니다. 헤리퍼드교회는 지도자들이 자신의 재산을 교회에 헌납하여서 반스테플이나 브리스톨보다 재정이 풍족하였습니다. 그 결과 주변 지역이 철저히 복음화되었고 주변의 마을이나 읍 단위에 교회가 설립되었으며, 다른 지역의 교회나 선교사들을 넉넉하게 후원할 수 있었습니다.

한편 반스테플의 영향으로 데본의 주변 지역으로 형제운동이 뻗어 나갔습니다. 시드머스(Sidmouth) 주변에서는 칼데콧이 사역하고 있었고, 엑서터와 틴머스에도 브레드린 교회들이 있었습니다. 토키이(Torquay)에서는 1834년에 교회가 시작되었습니다. 곧 서머싯(Somerset)과 도싯(Dorset) 등 주변의 지역으로 퍼져나갔습니다.

바쓰(Bath)에는 일찍이 교회가 시작되어 있었고, 도시 지역에는 자생적인 교회들이 있었는데 그들도 곧 브레드린에 합류하였습니다. 웨스트모어랜드(Westmorland)와 서머싯의 웰링튼(Wellington) 지역의 브레드린 교회는 1835년부터 1837년 사이에 퀘이커교도들이 횃불 논쟁으로 분리되어 나오면서 시작되었습니다. 켄달(Kendal) 주변에서 일어난 이런 영향은 북부 지역의 형제운동에 든든한 기반을 마련해 주었고 1840년대에는 중부지역으로 확대되어 갔습니다.

런던은 플리머스에서 건너 간 위그램에 의해서 1833년 리젠트 스퀘어(Regent Square) 근처의 가정집에서 시작되었습니다. 이 모임은 곧 로스톤가(Rawstone Street)로 옮기게 되었고, 또 다른 모임이 세인트 메릴본(St. Marylebone)의 오차드가(Orchard Street)에서 모이다가 나중에 웰백가(Welbeck Street)로 옮겼습니다.

이처럼 런던의 교회들이 많아지자 위그램의 제안에 의하여 행정을 위하여 토요일에 파크가(Park street)에서 '런던중심모임

(London central meeting)'을 시작하였습니다.[28] 위그램은 런던에서 이 운동을 주도적으로 이끌었고, 1838년 경에는 상당한 수의 교회들이 플리머스의 모델을 따라 형성되었습니다.

코드는 1838년 런던에서 형제운동에 상당한 영향을 미친 두 사건이 일어났다고 말합니다.

첫 번째는 이슬링턴(Islington)의 독립교회 목사인 도르만 (William H. Dorman, 1802~1878)이 브레드린에 합류한 일입니다. 그는 3년 전 그의 사역을 시작할 때부터 '믿는 자는 모두 제사장이라는 것, 성직자와 평신도의 구별은 비성경적이라는 것, 사역의 자유, 성도들의 교제의 단순한 원리, 좌석료가 비성경적이라는 것, 복수 장로' 등 브레드린과 같은 견해를 가지고 있었습니다. 그가 속한 교회는 이러한 교리를 받아들일 수 없었으므로 도르만은 떠밀리듯이 브레드린으로 들어오게 되었습니다.

두 번째는 친우회의 회원이었던 로버트(Robert)와 하워드 (John E. Howard, 1807~1883)와 관련 있습니다. 런던 북부의 토트넘(Tottenham)에서는 이 두 사람이 중심이 된 '횃불논쟁(the Beaconite Controversy)'으로 탈퇴한 사람들이 침례를 받고 1838년

28) 그래서 전체 교회들을 관리할 조직의 필요성을 느끼고, 행정을 위한 중심모임이 필요한지에 대하여 다비에게 조언을 구하는 편지를 보냈다. '런던중심모임'은 1848년 분열 이후에 비공식적이기는 하지만 실제적으로는 비개방적 브레드린의 중앙통제조직의 역할을 하게 된다.

에 한 가정에서 모이고 있었습니다. 다비나 위그램과는 아무런 연관 없이 독립적으로 시작된 것입니다. 이 두 사건이 중부지역과 북부지역으로 형제운동이 퍼지도록 하는데 영향을 미쳤습니다.

19세기 말 토트넘교회는 브레드린에서 영향력 있는 교회가 되었는데, 허드슨 테일러(James Hudson Taylor)도 중국으로 떠나기 전에 잠시 교제하였습니다. 1840년에 토트넘교회는 런던에서 가장 큰 교회 중의 하나였습니다. 토트넘교회에서는 당시 형제운동이 추구하던 정신이 그대로 실현되고 있었습니다.

「설교하거나 가르치는 데 있어 특별한 사람을 지명하지 않는다. … 예배를 위한 모임에서 읽고 기도하고 말하는 것은 모든 형제에게 열려있다. 그러나 어떤 경우에는 형제들이 신임하는 누군가가 예배를 맡는다. … 그들은 참된 그리스도인의 분열된 현 상태가 죄악과도 같은 파벌주의 때문이라고 생각하고 이를 크게 슬퍼한다. … 그들은 그들이 참된 그리스도인이라 여기는 누구에게게라도 성찬식에 참여하는 것을 허용하였으며, 사소한 의견 차이를 이유로 누군가를 배제하지 않았다.」

위의 글에서 열린 예배방식, 연합에 대한 열망, 성찬식에 대한 이해를 볼 때, 토트넘교회는 설립 당시에 브레드린과 직접적인 교류가 없었으나 같은 원리로 시작되었다는 것을 알 수 있습니다. 이것은 형제운동의 원리가 당시 복음주의자들에게서 공통적으로 나타나는 현상이었다는 것을 알 수 있습니다. 그리고 이러한 배경이 형제운동이 확산되는데 중요한 요인이 되었던 것입니다.

❷ 아일랜드에서의 초기 확장

아일랜드에서는 클레어(Clare)의 에니스(Ennis)와 리머릭(Limerick)의 라스킬(Rathkeale)에 있는 가정집에서 시작된 모임들이 형제운동을 확산시켰습니다. 1832년 10월 다비가 플리머스와 브리스톨을 방문하고 더블린에 왔을 때 이 작은 모임들을 방문하였습니다. 처음에는 주간 성경 읽기 모임을 시작했고, 그 다음에는 성찬식을 하기 위하여 작은 교회를 형성하였고, 교회가 점점 더 성장하면서 넓은 장소로 이전하였습니다.

1835년 마요(Mayo)주의 웨스트포트(Westport)에서는 성직자 찰스 하그로브(Charles Hargrove)를 중심으로 모임이 형성되었습니다. 그는 "교회와 국가의 연합은 교회를 세속화한다"는 입장을 밝히고 성직을 사퇴하고 브레드린에 합류하였습니다. 1836년에는 성직자 출신인 존 코드(John Marsden Code, 1805~1873)가 아일랜드 국교회를 떠나 브레드린으로 왔는데, 이 두 사람은 브레드린에서 존경받는 지도자가 되었습니다.

아일랜드에서의 형제운동은 급속히 진행되었으나 복음은 주로 영국계 아일랜드인들, 특히 상류 사회에서 전파되었습니다. 이처럼 형제운동은 영국제도에 급속히 퍼져나갔습니다.

(2) 해외에서의 확장

형제운동의 해외 선교는 1829년 바그다드로 떠난 그로브스와 그 후속팀에 의하여 시작되었습니다. 형제운동은 시작할 때부터 선교에 대한 열망이 가득하였습니다. 그래서 그로브스를 지원하기 위하여 1830년 9월에 파넬, 크로닌, 크로닌의 누이와 어머니, 해밀턴(Hamilton), 뉴먼(Francis W. Newman, 1805~1897)이 바그다드로 떠났습니다. 그로브스는 비록 큰 성과를 거두지는 못했지만 1833년 5월 바그다드를 떠나 7월에 인도의 뭄바이(Mumbai)에 도착하였습니다.[29] 뒤이어 바그다드에서 함께 했던 파넬과 크로닌도 마드라스(Madras)에서 합류하였다가 1837년에 영국으로 돌아왔고 그로브스는 계속 인도 선교에 힘을 쏟았습니다.

채프먼도 선교를 위하여 1838년부터 여러 번 스페인으로 가서 시골 지역을 걸어 다니면서 복음을 전하였습니다. 당시 그의 친구들은 로마가톨릭의 박해가 있는 스페인에 가는 것을 말렸습니다. 그러나 채프먼은 "모든 상황에서 도움을 주시는 하나님을 믿으며, 그가 가는 것이 주님의 뜻이라고 믿고, 설사 생명을 잃는다 하더라도 그것이 위에 계신 아버지의 집으로 인도하는 것이라고 믿는다"라고 담대하게 말하였습니다.

---

29) 그러나 브로드벤트는 그로브스의 바그다드 사역이 번성하였다고 평가하였다.

형제운동이 스위스, 프랑스, 독일, 캐나다 및 미국으로 전파된 것은 다비가 지칠 줄 모르는 전도의 열정으로 광대한 지역을 여행하며 선교한 결과라고 할 수 있습니다. 1820년대 제네바와 보드(Vaud)에서 국교회 내에 여러 가지 갈등이 나타나면서, 불어를 사용하는 스위스와 리옹(Lyon) 근처 프랑스에서 브레드린과 유사한 복음주의 운동이 일어나고 있었습니다. 이곳에는 1740년대에 제네바(Geneva)에 살았던 진젠도르프(Nikolas Ludwig Zinzendorf, 1700~1760)의 영향으로 모라비안 형제단(Moravian Brethren)의 복음주의가 남아있었습니다. 그리고 아나뱁티스트 신자들과 로버트 할데인의 가르침에 따르는 복음주의적인 사람들이 있었습니다.

　1837년 다비가 제네바에 도착했을 때, 그는 할데인과 헨리 드러먼드(Henry Drummond)의 영향으로 생긴 독립적인 복음주의 모임(Eglise du Bourg-de-Four)에 가입하였습니다. 1839년 이 모임의 지도자로 새로 부임한 올리비에(H. Olivier) 목사는 절대예정을 믿으면서도 웨슬리의 완전주의 교리를 수용한 인물이었습니다. 이로 인해 이 모임은 큰 혼란에 휩싸이게 되고, 사람들이 떠나가게 되었습니다.

　그해 가을 다비는 다시 스위스에 가서 4년 동안 여러 곳에서 설교를 하였는데, 많은 사람들이 그의 가르침을 받아들이면서 영향력이 커지기 시작하였습니다. 1840년 한 해 동안 다비는 제네바에서 예언에 관해 7번 강의했는데 그 내용이 출판되어 복음주의 진영에서 매우 인기를 끌며 보급되었습니다. 그런 영향으로 올리비에를 떠난 많은 사람들이 다비에게 합류하였습니다. 마침내 1841년 봄에 올리비에가 웨슬리의 교리를 버리고 다비의 모임으로 그의 모임을 합치게 되면서 다비의 세력은 더욱 커졌습니다.

이처럼 점차 다비를 중심으로 사람들이 모이자 교회에 관한 자신의 독특한 견해를 가르치면서 모임을 발전시켜 나갔습니다. 그래서 1843년에 로잔(Lausanne)과 베비(Vevey)의 대부분의 자유 교회(Free Church) 사람들이 다비의 공동체로 편입되었습니다. 다비는 모든 형태의 조직을 금하면서 성령의 자유로운 인도하심을 추구하는 모임들을 세워갔습니다. 또한, 다비는 로잔에 있는 자택에서 성경학교를 열어서 젊은이들을 가르쳤는데, 그들이 다비의 본을 받아서 스위스뿐 아니라 프랑스로 나가면서 다비의 가르침과 사역은 급속히 전파되었습니다.

이와 같은 다비의 활동은 프랑스와 독일로까지 번져갔으며 그 결과 유럽의 여러 교회가 '다비파(Darbyites)'로 알려지게 되었습니다. 독일의 라인 강 지역에도 교회들이 형성되었고, 루르(Ruhr) 주변 북부에도 그 영향이 미쳤으며 네덜란드 안으로도 이 운동은 퍼져나갔습니다. 1844년에 다비는 남부 프랑스에서 설교하였는데 그곳에서도 다비를 따르는 모임이 시작되었습니다.

다비는 죄인들의 회심과 신자들의 재통합을 통하여 플리머스 브레드린의 정신을 구현한다고 주장하였습니다. 그러나 사실은 전자보다는 후자를 통하여 그의 공동체를 만들어갔습니다. 이 과정에서 스위스와 프랑스 남부의 브레드린은 영국의 브레드린과는 아무런 접촉이 없었고, 따라서 1848년 분열이 일어났을 때 대륙의 브레드린은 다비의 손을 들어줄 수밖에 없었습니다.

또한, 그 당시 많은 사람들이 이민을 가게 되면서 형제운동은 영국과 영연방으로부터 미국과 캐나다까지 널리 전파되었습니다.[30] 그래서 형제운동은 곧 전 세계로 퍼져나갔고 그 결과 세계 대부분의 지역에 브레드린이 존재하게 되었습니다. 엠블리는 다양한 자료를 근거로 1840년 중반에 영국에서 브레드린에 속한 사람들이 약 6천 명에 달하였다고 합니다.

(3) 다비(John N. Darby)의 초기 사상

형제운동의 역사에서 다비의 사상을 연구하는 것은 매우 중요합니다. 그러므로 분열 이전 다비가 주장한 신비주의적 '연합'과 '파멸된 교회'에 대한 개념과 그가 대륙의 브레드린에 미친 영향에 대하여 살펴보고자 합니다.

---

30) 북미의 개방적 브레드린은 자신들이 영국에서 세워진 초기 개방적 브레드린에 뿌리를 두고 있다고 말한다. 그러나 맥라렌(McLaren)은 그들이 그로브스 등이 이끈 초기 개방적 브레드린과는 직접적인 관련이 없다고 주장한다. 오히려 북미의 개방적 브레드린은 20세기 초 북미로 이민 온 다비 계열의 브레드린에 의해 세워졌다고 한다.

❶ 다비의 신비주의적 '연합(Unity)'의 개념

다비에게 있어서 '연합'의 개념은 기존 교회를 인정하지 않고 분리되어 나와서 '그리스도에게 연합'된 자들로만 구성된 교회를 세우는 것입니다. 이러한 다비의 견해는 2년 3개월의 성직 생활 후, 1827년 낙마사고를 겪고 요양하던 중에 태동하였습니다. 다비는 하나님이 보시는 교회는 '그리스도에게 연합'된 자들로만 구성되며, 외부적으로 보이는 기독교계(Christendom)는 실제로 세상이지 교회가 아니라는 생각이 분명해졌습니다. 그는 그리스도의 다시 오심을 제외하고는 기존 교회에서는 아무것도 기대할 것이 없다고 하였습니다.

이처럼 다비는 초기부터 지나치게 이상적인 교회를 그리면서 현실적인 모습으로 존재하는 교회에 대해서는 인정하지 않는 쪽으로 기울어지고 있었습니다. 그럼에도 불구하고 여전히 국교회 성직자로서의 신분을 유지하면서 활동하였습니다. 다비는 자신의 사상을 발전시켜서 1828년에 '그리스도의 교회의 본질과 연합에 관하여(On the Nature and Unity of the Church of Christ)'라는 제목의 소책자를 발행하여 교회에 대한 그의 견해를 밝혔습니다.[31]

---

31) 이 책이 형제운동의 첫 번째 소책자로 불리기도 하지만, 엠블리는 여기에 오해의 소지가 있다고 한다. 왜냐하면 이 때는 아직 다비가 자신의 진로를 분명하게 보지 못하는 상황에서 어떤 운동이나 조직을 제안하고 있지 않기 때문이다. 니트비도 이 책은 "제안의 명확성이 결핍되어 있고… 그것은 자기 자신의 길을 분명히 보지 못하는 사람의 글이거나, 고의적으로 그 자신만의 분별을 유지하고 싶었던 사람의 글인 것이 분명하다"고 하였다.

「우리는 주님 안에서만 연합을 찾을 수 있다. … 어떤 특별한 분파의 주장을 좇는 사람은 누구나 성령의 역사에 적이 된다. 그리스도인 교제의 중심에 그리스도의 죽음이 있기 때문에 성찬식이야말로 하나 됨의 상징이며 도구가 된다. … 우리의 연합은 우리 많은 사람이 한 몸이기 때문이며, 우리가 한 떡에 참여하기 때문이다.」

위의 글에서 보듯이 그로브스와 마찬가지로 다비에게도 연합은 중요하였고, 그 연합의 표현이 한 떡에 참여하는 것이라고 하였습니다. 그러나 다비의 주장에 의하면 성공회는 하나님을 떠나 세상과 융합하였고, 비국교도들도 그 길을 갔기 때문에 "참된 신자는 기존 교회로부터 분리되어서 두세 사람이 따로 모여야 한다"고 하였습니다. 이러한 초기의 생각이 결국 나중에는 분리주의적인 사상으로 발전하게 되었다고 볼 수 있습니다.

무엇보다 다비는 하나님께서 이러한 일을 위해 자신을 부르셨다고 느꼈고, 이미 심판이 선고된 기존 교회에서 분리되어 나오라고 긴급하게 백성들을 호출해야 한다는 부담감을 가지고 있었습니다. 그러나 코드는 다비의 견해가 추상적이고 신비주의적이라고 지적하고 있습니다.

이처럼 다비는 교회론이 형성되어 가면서 초기에 가졌던 '그리스도인의 연합'이라는 정신보다는 '악으로부터의 분리(separate from evil)'라는 교리를 강조하였습니다.[32] 그런데 여기에서 '악(evil)'이라는 용어는 도덕적인 면이 아니라 교리나 교회의 오류를 가리키는 것으로, 결국 기존 교회의 불완전함을 지적하는 것이었습니다. 다비는 교회가 하나님이 정하신 원리를 벗어나 인간적인 조직과 제도로 운영되는 것에 대하여 비판하였습니다. 이러한 견해를 가지고 있었던 다비는 자신이 사도적인 부르심을 받았다는 확신을 가지고, 자신의 가르침에 대한 모든 반대에 감정적으로 강하게 대항하였습니다.

❷ 다비의 '파멸된 교회(Church in ruins)'에 대한 개념

다비는 기존 교회가 '파멸'의 상태로서 회복이 불가능하고 오직 심판 아래 있다고 주장하였습니다. 그러므로 '파멸된 교회'로부터 분리되어 나와서 따로 모여야 한다는 그의 독특한 교회론이 생긴 것입니다. 여기서 다비가 말하는 '파멸'이란 단순히 교회의 무기력함을 의미하는 것이 아니라, '교회의 근본적인 목적이 완전히 사라지고 교회의 본질적인 모습과는 정반대의 존재가 된 상태'를 의미합니다.

1840년 다비가 스위스에 있는 동안 이러한 자신의 주장을 실어서 발행한 소책자는 큰 논쟁을 일으켰습니다. 그는 오늘날 그리스

---

32) 이것은 그로브스가 형제운동의 원리로 제안한 연합의 개념과는 완전히 다른 것이다. 코드는 이러한 다비의 교리가 영국과 아일랜드에서 10년 동안 논쟁을 하는 과정에서 생긴 특유한 견해라고 하였다. 다비의 이런 교리에 대해 그로브스는 "나는 그들의 선행으로부터 분리되기보다, 차라리 그들의 모든 악을 무한도로 참을 것이다"라는 편지로써 그의 입장을 밝혔다.

도인들이 초대 교회의 모델을 따라서 교회를 형성할 수 있는 능력을 완전히 부인한 것입니다. 그는 다만 두세 사람이 그리스도의 이름으로 모인 곳에 그분이 함께 계시겠다는 약속이 남아있다고 하였습니다. 따라서 그리스도인들은 이 약속을 붙잡아야 하고, 그리스도의 다시 오심을 기다리며 모여야 하는 것 외에 더 이상 할 것이 없다는 것입니다.

다비는 "과연 현 시대에 우리는 초대교회가 보이는 것과 같은 모습의 조직적 교회를 세울 수 있는가? 또한 그런 초대교회의 모범을 따르는 교회를 세우는 것이 과연 이 시대의 하나님의 뜻인가?"라고 물었습니다. 그리고 "교회는 이미 파멸의 상태에 있다. 그리고 처음 교회의 모습에서 너무나 멀리 이탈하였기 때문에 심판을 받을 수밖에 없다"고 답하였습니다.

다비는 세대적으로 실패한 이후에 다시 회복된 예가 성경에 나오지 않기 때문에 사도적인 초대 교회를 세우는 것은 절대 불가능하다고 주장했습니다. 교회는 파멸되어 있기 때문에 순수한 교회를 다시 세우려는 시도는 주제 넘는 행동이라고 하였습니다. 교회에 대한 지침서인 서신서들이 완성되는 시기에 본래 교회들의 모습은 사라지기 시작하였다고 주장하였습니다.

1840년 로잔에서 다비는 지난 10년 동안 진전시켜 왔던 논쟁을 정리하면서 '파멸된 교회'에 대하여 체계적으로 가르치기 시작하였습니다. 다비에게는 이 10년의 논쟁을 통하여 교회와 자기 자신의 사도적인 특별한 부르심에 관하여 특유한 견해가 생겨났습니다. 그는 이단이 은밀하게 숨어서 역사하고 있다는 신비적인 생각을 하면서 어떤 형태든 교회에서 일어나는 잘못된 가르침을 오류(error)라고 하였고, 이것은 하나님의 신격에 반역하는 일종의 악(evil)이라고 보았습니다.

또 다비는 동료 그리스도인들을 향하여 자신이 사도적인 부르심을 받았다고 확신하였습니다. 따라서 자신의 가르침에 대한 어떠한 형태의 반대에 대하여도 강한 감정과 표현으로 인간적인 본성을 드러내었습니다. 자기를 포기하고 따뜻한 사랑으로 연약한 사람들을 돌보던 그가 어떻게 이런 행동을 했는지 이해할 수 없을 따름입니다.

다비는 자신의 교리를 소책자를 통하여 보급하였는데 이것이 다비주의의 기초가 되었습니다. 그러나 곧 성공회와 비국교도 모두에게 반대를 받으면서 논쟁이 시작되었고, 그의 가르침을 따르던 무리가 이탈하기 시작하였습니다. 이런 상황에서 다비는 1844년 초에 프랑스와 스위스를 방문하였다가 그 다음 해인 1845년 3월에 플리머스로 돌아가서 뉴턴과의 논쟁을 치르게 되었습니다.

❸ 다비가 대륙의 브레드린에 미친 영향

영국과 달리 대륙의 브레드린 교회들은 다비의 주도적인 활동으로 세워졌습니다. 그렇기 때문에 다비가 정립한 '연합'과 '파멸된 교회'라는 교회론의 영향을 절대적으로 받을 수밖에 없었습니다. 다비는 1845년에서 1850년까지 제네바와 로잔에서 '교회의 본질', '성직자 목회와 장로직 승인에 대한 반대', '가시적 교회'와 '비가시적 교회'에 대한 수많은 책을 출판하였습니다. 니트비는 아래와 같은 다비의 말을 인용하면서 '가시적 교회'는 결국 다비를 따르는 교회라고 지적하였습니다.

「교회의 낡은 조직은 파멸되었다. 그러므로 모든 진실한 그리스도인은 절박한 의무감을 가지고 그들의 조직들로부터 분리하여 나와야 한다. 그리고 어떠한 인위적인 조직도 없이 가시적으로 드러난 한 몸에 함께 연합하라.」

이처럼 다비는 기존 교회가 파멸되었다고 주장하면서 교회로 인정하지 않았습니다. 그리고 자신의 공동체에 연합하기 위하여 기존 교회로부터 분리되어 나올 것을 여러 책에서 주장하였습니다. 무엇보다 이 책자들은 이후에 다비계열의 비개방적 브레드린이 교회관을 세우는데 결정적인 기초를 제공하였습니다. 그 결과 영국의 브레드린과 대륙의 브레드린의 성격은 확연히 다르게 됩니다. 대륙에 세워진 브레드린은 다비만 지도자로 부각되었기 때문에 다비가 절대적인 영향력을 미칠 수밖에 없었기 때문입니다.

반면에 영국에서는 다수의 독립적인 지도자들이 형제운동을 이 끌었습니다. 그리고 초기 공동체는 매우 이질적이고 다양한 배경으로 시작하였고 저마다 다른 이상을 가지고 있었습니다. 그래서 여러 지도자가 서로의 견해를 다듬어가면서 발전하였기 때문에 극단적인 면으로 기울어질 위험성이 없었습니다. 그러나 대륙의 경우에는 다비가 유일한 사도로서 새로운 질서를 이끌었기 때문에 대륙의 브레드린은 처음부터 다비에 의하여 매우 획일적인 교리를 가지게 되었습니다.[33]

또한 브레드린은 공식적인 기구나 지도력을 갖추지 않았기 때문에 오히려 비공식적인 지도력이 강하게 나타났습니다. 브레드린의 순회 지도자들은 여러 지역을 다니면서 영향력을 미쳤는데, 그 중에 가장 두드러진 사람은 단연코 다비였습니다. 형제운동에서 커져 가는 그의 권위는 공식적인 지위 때문이 아니라 정신적인 지도자로서 그에 대한 존경심 때문이었습니다. 이것이 1848년의 분열에서 다비가 영향력을 미칠 수 있었던 배경이 됩니다.

특히 대륙에서는 그의 위치가 절대적이었기 때문에 영국에서 분열의 여파가 밀려왔을 때 다비계열의 그룹은 자연스럽게 다비의 가르침에 따라 자체적인 모임을 세울 수 있었던 것입니다. 이와 같이 다비의 사상은 그로브스가 제안한 형제운동의 원리와 다른

---

33) 다비가 스위스와 프랑스 모임에서 유아세례를 직접 베풀었다는 흥미로운 기록이 있다.

방향으로 발전하였고, 그 결과 형제운동은 1848년에 이르러 분열을 겪게 됩니다.

❹ 다비에게 보낸 그로브스의 편지

1836년에 그로브스가 다비에게 보낸 편지는 그 당시 다비의 신학적인 견해가 어떤 영향을 미쳤는지 알 수 있는 매우 중요한 자료입니다. 이 편지에는 그로브스의 4가지의 예언적 경고가 포함되어 있습니다.

그 중 첫 번째 경고는 다비가 '떠났던 지역으로 다시 돌아오고 있다는 것'입니다. 형제운동의 처음 정신은 교파를 초월한 그리스도의 사랑으로 인한 단순한 연합이었습니다. 그러나 다비는 기존 교회와의 관계에서 교리적인 정확성을 점차 강하게 요구하였습니다. 여기서 그가 초기에 가졌던 높은 성직자로서의 지위가 다시 나타나고 있음을 알 수 있습니다. 교파를 초월한 순수한 그리스도인의 연합을 추구하였던 그로브스는 이런 현상에 대하여 "당신들의 연합은 삶과 사랑보다는 교리와 의견을 하나로 만드는 것에 있다"고 경고하였습니다.

두 번째 경고는, 앞으로 브레드린은 자신들이 옹호하는 것보다는, 자신의 견해와 다른 것에 대하여 반대하는 사람들이라고 더 많이 알려지게 될 것이라고 하였습니다. 그로브스는 다비를 따르는 사람들이 "더 이상 영광스럽고도 단순한 진리를 증거 하지 않고, 잘못이라 판단되는 것들에 대해 반대하는 것으로 변하고 있다"고 지적하였습니다. 이런 현상이 그로브스에게는 복음의 증인으로서의 그들의 지위를 천국에서 땅으로 끌어내린 것으로 보였습니다. 이것은 후세기 브레드린에 대한 대중적인 이미지를 놀라우리만큼 정확히 예견한 것이라고 볼 수 있습니다.

세 번째로, 그로브스는 다른 사람이나 교회를 판단하는 이러한 성향이 편협한 시각을 갖게 하거나 인간적인 권위가 드러나게 할 위험이 생길 수 있다고 하였습니다. 다비에 대하여 "당신은 다른 사람을 판단할 수 있는 자리에 앉게 될 것인데, 그 자리에서 당신은 자신의 양심으로는 굴복할 수도 없고, 굴복하지도 않을 것이기 때문에 가장 속좁고 편협하게 판단할 것이다"라고 경고하였습니다. 그로브스의 이 경고는 이후 다비계열의 비개방적 브레드린이 서로를 판단하면서 분열하는 모습으로 나타나게 됩니다.

마지막으로 그로브스는 다비의 개인적인 책임에 대하여 묻습니다. 이제 막 시작하는 작은 교회들이 그리스도를 머리로 바라보는 것이 아니라, 다비를 그들의 설립자로 바라보고 있다는 것입니다. 이것은 형제운동이 사람이 중심이 되는 성직주의를 거부하고 순수하게 그리스도를 중심으로 연합하려던 정신에서 벗어난 것입니다. 사실 다비는 성직주의를 강하게 비판했지만 어느새 자신이 그

자리에 앉게 된 것입니다.

　그로브스의 편지는 형제운동이 형성되는 아주 중요한 시기에 다비의 생각이 어떻게 전개되고 있는지를 보여줍니다. 그리고 이와 같은 그로브스의 4가지 경고는 훗날 비개방적 브레드린의 발전 과정에서 모두 드러나게 됩니다. 그로브스는 "결국 당신들은 그저 자기들만을 옳다고 주장하는 자들이 될 것이다"라는 지적이 그대로 이루어진 것입니다. 그로브스가 당시 다비의 성향으로 인해 일어난 상황을 얼마나 정확하게 꿰뚫어보고 있는지 잘 보여줍니다. 또한 미래를 내다보는 그의 통찰력이 얼마나 놀라운지 알 수 있습니다.

제3부

형제운동의
발전

제3부

형제운동의 발전

급속하게 성장하던 형제운동은 1848년에 이르러 분열이 일어나게 되었습니다. 그래서 다비의 가르침을 따르는 '비개방적 브레드린(Exclusive Brethren)'과 조지 뮐러와 함께 하는 '개방적 브레드린(Open Brethren)'으로 나뉘어 두 방향으로 발전하게 되었습니다. 이 과정에서 다비와 뉴턴의 논쟁, 그리고 그후에 베데스다교회를 제명하는 사건을 자세하게 살펴볼 필요가 있습니다. 왜냐하면 여기서 이들 두 부류의 브레드린이 가진 교회관의 차이가 드러나기 때문입니다. 겉으로 보기에는 교리와 규율에 관한 것이지만 실제로는 교회의 독립성에 관한 쟁점, 즉 중앙 집권이냐 혹은 지역 교회의 자율성이냐의 문제였습니다.

형제운동은 분열 이후에도 두 방향으로 계속 발전하였는데, 형제운동이 전파되어 가는 상황과 형제운동의 교리적 특징에 대해서도 살펴보고자 합니다.

1. 형제운동의 두 방향

(1) 플리머스에서의 논쟁 : 다비와 뉴턴

처음에 플리머스에서의 논쟁은 다비와 뉴턴의 개인적인 갈등으로 시작되었습니다. 그러나 다비가 베데스다교회를 거부하면서 결과적으로 전체 브레드린이 다른 이상을 추구하는 두 부류로 질서가 재편성되었습니다.

❶ 논쟁의 원인

다비와 뉴턴의 논쟁의 원인은 두 가지로서, 예언해석에 대한 차이와 플리머스에서 뉴턴의 지도력에 대한 것입니다.

먼저 예언해석에 대한 차이를 살펴보면, 뉴턴은 다비가 이사야 32장에서 그리스도의 재림에 대해 깨달은 '비밀 휴거(secret rapture)'라는 견해를 받아들이지 않았습니다.[34] 때문에 뉴턴은 다

---

34) 구약에서는 비밀로 감춰었던 휴거의 교리가 신약에 계시되었다고 보았다. 비밀 휴거에 대한 견해는 인크리즈 마더(Increase Mather, 1639~1723)에게서도 찾아 볼 수 있다. 브리스톨의 조지 뮐러와 크레이크는 비밀 휴거에 대한 견해를 거부하였다. 19세기의 가장 위대한 본문비평학자의 한 사람으로 브레드린에 속해 있던 트레겔레스도 비밀 휴거의 개념을 받아들이지 않았다.

비가 비밀 휴거를 주장하는 1834년 9월에 파워스코트 성에서 열린 예언학회에 참석하지 않았습니다. 오히려 뉴턴은 경쟁적으로 같은 시간에 다른 장소에서 예언집회를 개최함으로써 다비의 견해에 반대하여서 다비를 격노하게 하였습니다.

여기서 중요한 쟁점은 마태복음 24장 21절의 '큰 환난'을 지상의 교회가 통과해야 하는가에 대한 것이었습니다. 뉴턴은 곧 다가올 환난을 위해 자신을 준비하라고 그리스도인들에게 경종을 울리는 것이 절대적으로 필요하다고 생각하였습니다. 그는 그리스도인이 십계명과 산상수훈을 지키면서 환난을 준비해야 한다고 하였습니다.

반면에 다비는 성도들은 이미 휴거되어 천국으로 옮겨진 상태이므로 환난을 겪지 않는다고 하였습니다. 다비는 성도의 휴거를 위해 그리스도께서 당장이라도 오시기 때문에 그리스도인은 늘 깨어서 재림을 준비해야 한다고 하였습니다. 휴거가 당장이라도 일어나는 교리를 거절한 뉴턴의 입장은 다비가 보기에 재림을 준비해야 하는 그리스도인의 태도에 합당하지 않은 것이었습니다.

하지만 뉴턴은 다비의 교리가 성경을 왜곡했다고 하였습니다. 뉴턴은 재림 전에 있을 전쟁, 전쟁에 대한 소문, 하늘의 징조, 다른 징조들과 같은 일련의 가시적 사건들을 수반하는 난해 구절을 제대로 이해하기 위해서는 특별한 설명이 필요하다고 보았기 때문이었습니다.

이러한 차이들이 목회에 대한 관점에도 영향을 미쳤습니다. 뉴턴은 그리스도인 생활의 기초로 십계명과 산상수훈의 도덕적 명령을 계속해서 적용하고자 하였습니다. 반면에 다비는 십계명과 산상수훈은 계속 율법대로 살아야만 하는 지상에 남은 유대인들에게 적용하였습니다. 다비는 율법이 아니라 은혜 아래 있는 그리스도인은 근본적으로 그리스도께서 당장이라도 다시 오셔서 천국으로 데려가실 수 있다는 데서 그리스도인의 도덕적 책임을 찾아야 한다고 강조하였습니다.

이처럼 두 사람은 서로 다른 입장을 견지하고 결코 조화될 수 없는 방향으로 발전하게 되었습니다. 코드는 예언에 대한 해석이 왜 이렇게 중요한 문제가 되었는지 당시의 배경을 다음과 같이 설명하였습니다.

「예언에 대한 연구는 성경을 더 자세히 연구하도록 하였고, 이것은 혁명적인 변화를 일으켰다. 예언연구는 성경 메시지의 더 본질적인 부분을 알기 위하여 그들이 성경을 연구하도록 하는 원동력이 되었기 때문이다. 1834년 7월호 '크리스천 위트니스'에 실린 '예언 연구의 회상과 현재 상태(Retrospect and Present State of Prophetic Enquiry)'라는 글에서, 기독교 교리의 전 범위가 예언 연구로 활기를 띠게 되었고 새롭게 되었다는 점을 분명히 하였다.」

당시의 분위기에서 예언에 대한 해석은 성경 연구의 기본이자 본질이었기 때문에 치열한 논쟁이 벌어진 것입니다.[35] 1843년에 이르러 다비는 자신의 견해를 발전시켜 그리스도의 교회는 구약의 성도들이나 다음 세대에 선택된 유대인보다 더 높은 위치에 있다고 하였고, 뉴턴은 아브라함으로부터 신실한 자들이 교회 전체를 이루는 요소라고 주장하였습니다. 다비와 뉴턴의 첫 번째 논쟁의 핵심은 다비의 세대주의적 해석에 따른 종말론의 차이에서 출발하였습니다.

다비와 뉴턴의 논쟁의 두 번째 원인은 뉴턴이 플리머스 브레드린에서 차지하는 위치에 관한 것이었습니다. 플리머스의 열린 예배에는 은사가 있는 사람은 누구나 강단에서 가르침의 은사를 자유롭게 활용할 수 있었습니다. 그러나 무분별한 설교는 혼란을 가져올 수 있기 때문에 다비와 몇몇 형제들은 집회의 질서를 유지하고 무익한 사람들의 행동을 제한할 수 있는 장로로 뉴턴을 선출하였습니다. 트레겔레스는 뉴턴이 설교를 잘 들을 수 있는 곳에 앉아 유익하지 않거나 무분별한 설교는 중단시키도록 다비가 요청하였다고 말하였습니다.

사실 다비는 초기에 더블린에서 보낸 편지에서 뉴턴을 '장로'라

---

35) 그러나 브리스톨과 반스테플에서는 복음전파, 지역 목회 그리고 사회사업에 크게 열중했기 때문에 예언해석의 논쟁에는 큰 관심을 가지지 않았다.

고 호칭하기도 하였습니다. 뉴턴은 3년 혹은 4년 뒤 다른 사람에게 이 자리를 양도하였습니다. 이런 장로의 역할은 오직 비형식적인 방식으로 인정되었습니다. 그러나 다비는 플리머스에서 뉴턴의 지도력이 강화되자 태도를 바꿔서 뉴턴의 행동을 강하게 비판하기 시작하였습니다. 가난하고 교육을 받지 못한 사람들도 교회 안에서 말씀을 전할 수 있는 기회가 주어져야 한다고 하였습니다. 이거(Yeager)는 다비의 이러한 심경의 변화를 개인적인 상황과 연관해서 설명하였습니다.

「선교사로서 성공하지 못한 데 좌절하여 스위스에서 돌아온 다비는 뉴턴이 플리머스 브레드린 내에서 권위 있는 위치에 있는 것을 발견하고, 둘 사이의 적대감은 폭발하게 된다. 플리머스에서의 뉴턴의 성공과 스위스에서의 다비의 실패는 플리머스 브레드린의 지도력에 대한 격렬한 권력 다툼을 촉발시키게 된다.」

번함(Burnham)도 이러한 상황을 다비의 개인적인 성향과 연관해서 설명하였습니다.

「플리머스의 교회가 지속해서 성장하고 뉴턴의 신학적 신념이 확고해지면서 플리머스에서 뉴턴이 부상되었다. 뉴턴이 다비에게 심각한 경쟁자가 되었다는 것은 시간이 갈수록 더 명백해졌다. 강렬한 완벽주의적 성향을 가진 다비는 다른 사람들을 다룸에 있어 더 완고해졌다.」

위의 설명에서 보면 다비가 개인적인 감정을 가지고 있는 것처럼 보이지만 표면적으로는 다르게 표현되었습니다. 즉, 다비는 교권주의와 성직제도에 강력히 반대하는 형제운동의 정신을 내세워 뉴턴의 위치를 비난하였던 것입니다. 사실 그때까지 다비의 생애는 끊임없는 논쟁의 세월로 흘러왔습니다. 1827년의 더블린에서부터 옥스퍼드, 화틀리(Whately), 파워스코트, 세스포트(Sesport), 제네바, 로잔을 거치면서 수많은 논쟁과 계속되는 여행으로 심신이 지쳐있는 상태였습니다. 이제 그 치열한 싸움은 플리머스로 이어졌습니다. 이처럼 논쟁의 두 번째 원인은 플리머스 교회에서의 지도력에 관한 문제였습니다.

❷ 논쟁의 과정

두 사람의 논쟁은 1845년 3월 20일 경에 다비가 스위스에서 플리머스로 돌아오면서 더욱 치열해졌습니다. 다비가 플리머스로 돌아오기를 결정한 순간부터 형제운동은 어려움을 겪을 수밖에 없었습니다. 다비는 플리머스로 돌아와서 즉시 뉴턴과 그의 교리에 대해 공격하는 설교를 시작하였습니다. 뉴턴은 이런 다비의 행동에 대하여 해리스와 배튼(Batten)에게 중재를 부탁하여, 이 두 사람은 다비를 만나게 되었습니다. 다비가 적대적 의도가 없다는 사실을 듣고 뉴턴에게 전하였습니다. 이에 뉴턴은 4월 1일에 다비에게 그를 적대적이라고 여긴 데 대한 사과의 편지를 보냈습니다. 코드는 이 편지가 오히려 다비에게 공격의 빌미를 주었다고 지적합니다.

「이 순진한 편지가 화를 불렀다. 다비는 답장에서 '적대적 관계', '우리'라는 말에 초점을 맞추고 오랫동안 가지고 있던 반박론을 폈다. 즉, 뉴턴이 "하나님이 보시기에 사랑하는 형제들에게 악하게 행동하였다"고 하면서 이 점만 부각하고 교리적 차이는 '비교적 가벼운' 문제로 치부해 버렸다. 다비의 전략은 정직하지 못하였다. 뉴턴과 불화를 불러일으킨 것은 교리적 차이에 있음을 다비가 모를리 없다. 그러나 다비는 교묘하게도 교리적 차이는 조금도 언급하지 않았다.(정면으로 충돌하면 본인이 불리함이 분명하므로) 그는 적의 약점만 골라 다른 사람에 대한 뉴턴의 태도와 행동을 부각시켜 그를 동료들로부터 이간질하였다.」

오랜 세월 동안 논쟁을 치루면서 단련되어 온 다비는 이처럼 본질을 벗어나 지엽적인 문제로 뉴턴을 끈질기게 공격하였습니다. 그 후, 노련한 다비는 이 문제를 조사하는 13명의 증인 앞에서 교리적 차이는 논점이 되지 못하게 하고 뉴턴의 행동만 부각하였습니다. 그러자 젊은 뉴턴은 자제력을 잃고 분노를 터뜨렸고 뉴턴은 동료들, 특히 해리스의 신임을 잃기 시작하였습니다. 다비는 잠시 플리머스를 떠났다가 다시 돌아왔으나 주위 사람들의 화해 시도는 효과를 거두지 못하였고, 두 사람 간의 적대관계는 계속되었습니다.

1845년 10월 18일에 플리머스로 돌아온 다비는 뉴턴의 출판과 관련하여 그의 인격이 정직하지 못하다고 다시 공격하기 시작하였습니다. 뉴턴은 거침없이 비난하는 다비의 이런 공격에 인간적인 대응을 자제하고 있었습니다. 이에 비해 다비는 끊임없이 뉴턴을 겨냥하여 '플리머스의 악'이라고 말하였습니다. 이런 상황을 해결하려고 다비와 뉴턴을 중재하기 위하여 10명이 모여서 다시 회합을 하였을 때 다수가 뉴턴이 속일 의도가 없다는 것에 서명하였습니다.

그러나 다비를 추종하는 위그램이 강력하게 반발하였습니다. 두 사람의 논쟁에서 위그램의 충성은 다비에게 끝까지 힘을 실어 주었습니다. 그래서 이 회합은 성과 없이 무산되었고, 다비는 한 발 더 나아가 뉴턴과 그의 동료들이 사탄에 의해 움직인다는 억측을 하며 뉴턴을 향한 공격의 수위를 높이기 시작하였습니다.

결국 다비는 1845년 12월 28일부터 위그램 소유의 랠리가교회에서 따로 모이기 시작하였습니다. 1846년 11월 다비는 '에브링턴가모임으로부터 분리된 작가로서의 사실들에 대한 이야기 (Narrative of the facts connected with the separation of the writer from the congregation meeting in Ebrington Street)'라는 책자를 출간했습니다. 그러자 평화롭고 공정한 성격인 파넬은 1847년 2월에 다비를 비판하며 "내가 의도적인 거짓에 대해 그를 고소하지는 않겠지만 다비의 책에 대해 영적으로나 거짓으로나 전적으로 혐오감을 느낀다. 그는 중독된 사람처럼 보인다. 그가 곧 정신을 차릴 것으로 믿는다"고 기록하였습니다. 엠블리는 교리적인 차이에서 시작된 다비와 뉴턴의 갈등이 커지게 된 것은 다비의 개인적인 반감 때문이었다고 지적합니다.

❸ 논쟁의 결과

뉴턴이 다비와 갈라선 이후, 1847년 6월에 뉴턴의 강의를 요약한 노트에서 문제가 발생하였습니다. '그리스도의 대속'에 관한 뉴턴의 시편 6편 강의를 뉴턴의 사촌인 트리프리(George Treffry)가 급하게 요약한 노트가 있었는데 그것이 해리스의 손에 들어오게 되었습니다. 해리스가 보기에 뉴턴의 강의에서 큰 문제점이 발견되었습니다. 뉴턴은 그리스도의 절대무오성을 주장하면서도, 그리스도께서 사람이 되셨으므로 심판받아 마땅한 상태에서 시작하는 것을 순종하셔야 한다고 하였습니다. 즉, 그리스도께서 고난을 받으신 이유는 전적으로 인류의 죄 값을 속죄하기 위한 자발적인 순종이 아니라, 그 자신도 인간으로 태어났으므로 인간의 죄를 지고 있고, 좀 더 구체적으로는 이스라엘인으로서 죄가 있기 때문이었다는 것입니다.

엠블리는 뉴턴이 그리스도가 결코 죄를 저지르지 않았다고 주장했지만 정통교리를 벗어난 것은, 십자가에서 받은 그리스도의 고난은 대속을 위한 것이지만 그리스도가 당한 다른 고난은 이스라엘인이기 때문에 받았다고 한 점입니다. 이것은 뉴턴이 성육신의 진리를 설명하면서 전통적인 교리상의 허용 범위를 넘어선 것입니다.

해리스는 뉴턴의 의도를 자세히 확인하지도 않고 그해 7월에 뉴턴을 이단으로 정죄하는 '시편 6편 강의에서 설명된 그리스도의 고난(The Sufferings of Christ, as Set Forth in a Lecture on Psalm VI)'을 저술하였고, 그 소책자를 다비의 지지자들에게 보내 출판하도록 허락하였습니다. 여기에 맞서 뉴턴은 자신의 변명을 담은 소책자와 해리스의 책자에 답변하는 책자를 출판하여 신학적 오해에서 벗어나고자 하였습니다.

뉴턴이 출판한 두 책자에 대하여, 다비는 즉시 "뉴턴은 그리스도가 아담이 머리가 된 연합의 지배 아래 있다고 말하였다"고 정죄하였습니다. 논쟁은 치열해졌고 결국 뉴턴은 "그리스도의 삶의 어떤 경험도 아담의 죄가 전가된 탓이 아니다"라고 명확하게 진술하였으나 이미 다비와 그의 추종자들은 수용할 수 없는 분위기였습니다.

다비는 뉴턴의 강의 노트가 뉴턴이 플리머스 브레드린의 교리적 순수성을 위협하는 존재라는 사실을 입증해 준다고 하였습니다. 그리고 그 강의는 그리스도의 영광을 인간의 수준으로 끌어내렸으므로 사탄에게서 온 것이라고 공격하였습니다. 즉, 다비에게 뉴턴의 강의는 한 순간의 실수로 인한 것이 아니라 그 동안의 논쟁에서 다비가 주장해 온 대로 그리스도의 대속과 구원을 더럽히는 사탄에게서 온 '악'을 입증하는 것이었습니다. 따라서 다비는 이 문제를 단호하게 공격할 명분을 가지게 되었습니다.

슈프(Shuff)는 말하기를 "뉴턴이 이끈 플리머스에 있는 교회가 하나님의 심판을 불러오는 '배교자들의 악'과 같은 '악'에 노출되어 있었던 것으로 다비가 믿었다"고 하였습니다. 이에 대하여 이거는 "다비는 다소 비정통적으로 보일 수 있는 뉴턴의 기독론을 이용해 다른 브레드린의 지지를 결집하였고, 결국 뉴턴과의 오래된 싸움에서 승리하여 자신이 독보적인 지도자가 되었다"고 하였습니다.

결국, 뉴턴은 1847년 11월 26일 '몇몇 교리적 오류에 대한 입장과 인정(A Statement and Acknowledgement Respecting Certain Doctrinal Errors)'이라는 글로 자신의 오류를 인정하면서 이단으로 낙인 받아 브레드린을 떠났습니다.[36]

그 다음 해 1848년 1월 10일에 에브링턴가교회에 남아 있던 사람들은 트레겔레스를 필두로 정통교리를 재확인하는 '주의 이름으로 모이는 플리머스 에브링턴가교회 성도들의 입장'을 펴냈습니다. 여기서 그들이 정통교리를 분명히 재확인하였으나 다비와 그의 추종자들은 이를 받아들이지 않았습니다. 이 사건의 여파로 뉴턴의 동역자들은 에브링턴가교회로부터 떠나갔고 뉴턴을 따르던

---

36) 1847년 12월에 뉴턴은 플리머스를 떠나 런던으로 가서 독립적인 칼빈교회를 설립하였다.

사람들은 1848년에 콤튼가(Compton Street)에 있는 예배당으로 자리를 옮겨서 한 동안 트레겔레스의 지도 아래 있었습니다.

엠블리는 다비와 뉴턴의 논쟁 결과로 플리머스에서 브레드린이 수적으로 급격하게 감소하였다는 사실을 말하고 있습니다.

> 「형제운동의 역사에 대한 많은 기록에 따르면 1845년 에브링턴가교회에는 약 천 명 정도가 있었다. 반면 1847년 3월 랠리가에서 떡을 뗐던 인원은 210명이었다. 교리 논쟁 후에 더욱 심화하였지만 이제 다비는 현실적으로 소수 인원만을 거느리게 되었다. 더 나아가 다비를 따르던 교회는 1848년 분열 후에 회원의 절반을 잃어야만 했는데 결국 1851년 3월 30일 랠리가교회에는 116명만이 참석하였다. 같은 날 아침에, 지금까지 브레드린 교회가 거의 없었던 콤튼가교회에는 280명이 모였다.」

위의 글에서 보듯이 초기에 뜨거웠던 형제운동의 이상은 두 사람의 논쟁으로 말미암아 플리머스에서 타격을 입었습니다. 이 논쟁의 결과 뉴턴이 떠나게 되었고, 다비는 자신의 세력을 확고히 할 수 있었습니다. 그러나 다비의 교회론은 결국 1848년의 분열로 이어지는 결과를 가져왔습니다.

(2) 브리스톨에서의 분열 : 다비와 베데스다교회

1848년 5월 배쓰에서는 플리머스에서 일어난 파동 이후의 일을 논의하기 위해 수백 명의 브레드린이 모이는 회의가 열렸습니다. 플리머스에서 다이어(William Dyer), 반스테플에서 채프먼, 런던에서 도르만, 로버트 하워드(Robert Howard), 더블린에서 벨렛, 에딘버러에서 로버트 넬슨(Robert Nelson), 헐(Hull)에서 쥭스(Andrew J. Jukes, 1815~1901) 등이 참석하였는데, 결론을 내리지는 못하였습니다. 그 후 브레드린은 플리머스의 사건에 뒤이어 두 부류로 분열됩니다.

❶ 분열의 발단

플리머스의 격변 속에서도 브리스톨의 베데스다교회는 이 분쟁에 연루되지 않았었습니다. 조지 뮐러와 크레이크는 점점 성장하고 있는 교회와 보육원을 돌보느라고 바빴기 때문입니다. 분열의 발단은 베데스다교회가 1848년에 브리스톨로 이사 온 우드폴(Captain Woodfall)과 그의 형제를 받아들이면서부터입니다. 우드폴은 플리머스에서 뉴턴의 친구로 잘 알려진 사람으로 브리스톨에 머무는 동안 베데스다에서 떡을 떼게 해달라고 요청하였습니다. 베데스다교회에서 다비를 확고하게 추종했던 알렉산더(Alexander), 내쉬(Nash), 스탠콤(Stancombe)은 이를 거절하였습니다.

이에 크레이크는 이 세 사람이 직접 우드폴과 그 형제의 신앙을 검증하게 하였습니다. 조사 결과 우드폴은 최근의 분쟁이 일어났을 때 유럽에 있었기 때문에 이 분쟁과는 상관이 없는 것으로 판명

되었습니다. 그리고 그의 형제도 뉴턴의 교리와는 무관하다는 것이 입증되었습니다. 따라서 우드폴 형제는 베데스다에서 함께 떡을 뗄 수 있도록 허락을 받았습니다.

마침 프랑스에서 돌아온 다비가 4월에 브리스톨을 방문하게 되었는데 조지 뮐러는 그에게 그 다음 주일 저녁 설교를 부탁하였습니다. 그러나 다비는 거절하고 엑서터로 갔고 그곳에서 다비는 공개적으로 다시는 베데스다교회와 교제할 수 없다고 선언하였습니다. 그 이유는 베데스다교회가 뉴턴의 추종자들을 받아들였기 때문이라고 하였습니다.

다비는 뉴턴의 가르침과 조금이라도 연관된 사람들은 누구든 하나님과 플리머스 브레드린의 원수라고 하였습니다. 그리고 브리스톨이 수년 동안 그리스도 안에서 교제하였던 다른 지역의 교회들 모두로부터 분리될 것이라고 위협하였습니다.

엠블리는 다비의 이런 행동은 1845년에 플리머스에서의 경우처럼 분리를 선언하는 것이고, 더 나아가 다른 사람들이 그의 지도력을 따라야 한다는 당위성을 확보하려는 것이라고 하였습니다.

이런 행동에 압박을 느낀 베데스다교회의 장로들은 회의를 소집해서 뉴턴의 교리에 대한 입장을 발표하였습니다. 먼저 6월 29일에 그리스도의 인성에 대한 뉴턴의 교리적 문제를 구체적으로 비난하는 공문에 10명의 대표가 서명하였습니다. 그리고 그 공문을 낭독하고 교회의 승인을 받았습니다. 사실 그 내용은 뉴턴과 에 브링턴가교회가 이미 오래 전에 부인하는 교리라는 것은 잘 알려져 있었습니다. 이처럼 분열의 발단은 뉴턴이 오류를 인정했던 교리와 상관없이 우드폴 형제를 베데스다교회가 받아들였다는 데에서 시작되었습니다.

❷ 분열의 과정

1848년 8월에 다비가 베데스다교회를 정죄하는 '베데스다 회람(The Bethesda Circular)'을 발표하면서 형제운동은 분열로 이어지게 되었습니다. 다비는 베데스다교회와 절교한 후에 요크셔(Yorkshire)를 방문하였는데 그곳의 교회들이 여전히 베데스다교회와 교류하고 있는 것을 발견하였습니다.

이에 놀란 다비는 1848년 8월 26일에 리즈(Leeds)에서 베데스다교회와 교제하는 모든 교회를 제명시킨다는 '베데스다 회람'을 발표하였습니다. 그는 "베데스다교회는 뉴턴의 사상을 고수하고 정당화시키며 끊임없이 그의 적극적인 대리인 역할을 하는 에브링턴가 사람들을 받아들였다"라고 고소하였습니다.

「그리스도에 가까운 성도들의 영혼보다 조지 뮐러 형제와 크레이크 형제, 그리고 그들의 안이함을 더 사랑하는 사람들에게는 저주가 있을 것이다! (지난 일에 대하여 아무것도 모르고 있는 매우 예외적인 경우가 아니라면) 베데스다교회의 어떤 사람이라도 영접하는 것은, 우리가 엄청난 대가를 지불하고 건짐 받은 그 '참람된 악'이 전염될 수 있는 문을 여는 것이다. … 나는 그들에 대해 내 양심상 깨끗하다. 나는 현재 상태의 베데스다교회나 베데스다교회의 누군가를 알고도 받아들인 곳에는 절대 가지 않을 것이다.」

위의 글에서 다비가 말하는 '참람된 악'은 베데스다교회가 이미 공개적으로 부인하고 받아들이지 않은 것이었습니다. 그럼에도 불구하고 다비는 그가 보기에 '참람된 악'이 전염되지 않도록 하는 일에 사도적 사명감을 가지고 자신을 따르는 무리를 세워나가고자 하였습니다. 그 배경에는 '악으로부터의 분리'라는 그의 신비주의적 연합의 개념이 깔려있다고 볼 수 있습니다.

이 회람이 발표되자 조지 뮐러와 베데스다교회는 다시 한 번 확실하게 분명한 견해를 밝혔습니다. 뉴턴의 교리나 견해를 인정하는 사람은 교회에 결코 받아들이지 않겠다는 것입니다. 이처럼 베데스다교회가 뉴턴의 교리를 전적으로 부인한다는 것을 선언했음에도 불구하고 다비에게는 베데스다교회가 뉴턴의 이단이 활동하는 사탄의 장소였습니다.

다비는 "베데스다 교회는 뉴턴의 글의 사악함을 심판하기를 거부하였을 뿐 아니라 그런 악을 의도적으로 인정하였다"고 하였습니다. 다비의 글에 따르면 베데스다교회에는 뉴턴의 이단이 아주 활발히 일하고 있고, 이 교회 전체가 도덕적으로 사악한 사탄과도 같은 상태에 있다는 것입니다. 이처럼 다비는 우드폴 형제를 받아들였다는 이유로 베데스다교회가 악으로 오염되었다고 선언하였습니다.

결국, 브레드린 분열의 핵심은 '베데스다 문제'를 정죄하는 것이었습니다. 이 회람을 받은 브레드린 교회는 전 세계 어느 곳에서나 다비의 이 원칙을 받아들이든지 거부하든지 하는 선택을 해야만 했습니다. 그리고 다비의 요구를 받아들인 교회는 '비개방적 브레드린(Exclusive Brethren)'이 되었고, 거부한 교회는 '개방적 브레드린(Open Brethren)'이 되었습니다. 엠블리는 두 진영의 특징을 아래와 같이 설명합니다.

「다비의 '베데스다 회람'은 형제운동의 분열을 일으켰다. 그것이 공포되는 순간부터 이를 받아들인 '비개방적 브레드린'은 긴밀하게 연결되고 중앙집권적 성격을 띠며 고교회(High Church)[37]의 종파(sect)화가 되어갔다. 반면 그것을 거부한 '개방적 브레드린'은 교회의 독립적 원칙에 의하여 적어도 좀 더 넓은 이상의 가능성을 보여주었다.」

위의 글에서 알 수 있듯이 형제운동은 분열 이후에 두 방향으로

---

37) 19세기 영국 국교회의 3개의 흐름 중 고교회파(高敎會派, High Church)는 옥스퍼드 운동의 영향으로 교회의 전통과 예전을 중시하였다. 또한 세속화와 인간적인 사고의 위험으로부터 벗어나고자 교회의 질서와 권위를 강조하고 사도직을 존중하였다.

발전하게 되었습니다. 각 교회의 '베데스다교회'에 대한 입장이 두 진영 중 어느 쪽에 속하게 되는지를 결정하게 되었습니다. 분열 이후 다비의 비개방적인 그룹은 내적으로 자신들의 결속력을 강화하는 방향으로 발전하였고, 개방적인 그룹은 복음을 전하며 외적으로 확장되어갔습니다.

❸ 분열의 결과

다비의 '베데스다 회람'은 영국에서부터 시작하여 브레드린이 존재하는 전 세계 모든 곳에 다비를 따르는 부류와 그렇지 않은 부류로 갈라놓았습니다. 이는 브레드린에 큰 혼란을 가져왔지만, 결국 브리스톨과 반스테플과 가까운 관계에 있던 교회들을 제외하고 다비를 따르는 대다수의 교회가 수개월 내에 그것을 받아들였습니다.

주된 이유는 다비가 여러 지역을 다니며 교회들을 방문해 왔고 영적 지도자로서 존경을 받으면서 막강한 영향력을 가지고 있었기 때문이었습니다. 그래서 브리스톨의 교회에 대해서 개인적으로 모르는 사람들은 다비의 주장을 받아들일 수밖에 없었습니다. 또한, 다비와 그를 지지하는 사람들은 끊임없이 말과 글을 통하여 자신들의 주장을 내세웠지만 조지 뮐러와 크레이크는 그러한 공격에 전혀 대응하지 않았기 때문입니다.

그러나 서쪽 대부분의 교회는 개방적 브레드린이 되었습니다.

북쪽 웨스트모랜드(Westmorland), 리버풀(Liverpool), 훌(Hull)의 교회들도 다비의 요구를 거부하였습니다. 얼마 후 조지 밀러와 가깝게 지냈던 그로브스와 채프먼도 뉴턴에 동조한 것으로 여겨져 비난을 받았으며 결국 다비계열의 교회들로부터 출교되었습니다.

그로브스는 1848년 3월에 인도에서 돌아와서 15개월 동안 대부분의 시간을 브리스톨에서 보내고 있었습니다. 그가 1849년 초에 토트넘의 브룩가(Brook Street)교회에서 성찬식에 참여했는데, 이 사실이 알려지자 로스톤가(Rawstorne Street)교회의 도르만에 의하여 출교를 당한 것입니다. 도르만은 분명한 증거도 없이 그로브스에게 교리적 오류가 있다고 공격하였습니다. 이런 상황이 벌어지자 그로브스와 함께 선교의 고난을 감당했던 크로닌도 그로브스에게 절교를 선언하는 편지를 썼습니다.[38]

이렇듯 다비의 엄격한 규율은 결국 훗날 콩클턴 경이 된 파넬뿐 아니라 린드(Rhind), 해리스, 솔토우(Henry W. Soltau, 1805~1875), 그리고 다이어(Dyer) 등 거의 모든 초기 지도자를 쫓아냈습니다. 그들 중에는 퀘이커 출신 중에 가장 영향력이 있던 켄달의 웨익필드(Wakefield), 토트넘의 하워드(John E. Howard)도 있었습니다. 런던에서는 오처드가(Orchard Street)교회, 헤크니(Hackney)교회, 그리고 토트넘교회가 다비를 떠났습니다.

---

38) 1881년에 크로닌 역시 이런 다비의 규율에 따라 출교되었는데, 이런 사건이 일어나는 것은 비개방적 브레드린의 배타성 때문이다.

그 외에도 수많은 초기 지도자들이 다비를 떠났습니다. 더욱이 웨스트포트(Westport)와 먼셀(Maunsell) 때부터 다비의 오랜 동료였던 존 코드(John M. Code)와 하그로브도 떠나갔습니다. 이런 지도자들이 떠나면서 다비는 자기를 따르던 사람들에게 더욱 확고한 영향력을 미칠 수 있었습니다. 초기 지도자들 중에서 마지막까지 다비의 진영에 남았던 사람은 위그램과 벨렛 뿐이었습니다.

베데스다교회를 정죄한다는 다비의 원칙은 전 세계의 브레드린 교회에 철저하게 요구되었고, 뉴턴에 대해 전혀 들어보지 못한 교회에도 강요되었습니다. 이러한 압박이 너무도 강해서 심지어 서인도제도에 있는 흑인 성도들까지 베데스다교회에 대한 입장을 밝혀야 했습니다. 이와 마찬가지로 알프스 지방에 있는 스위스의 농부들도 '베데스다 회람'에 따라 베데스다교회를 정죄해야만 했습니다. 이렇게 다비의 교회론은 브레드린을 두 부류로 갈라놓았습니다.

니트비는 "그 후 다비의 권위는 다비파 브레드린의 지도자로서 확고한 것이 되어 누구도 그를 그 권좌에서 내려오게 할 수 없었다"고 하였습니다. 이어서 그는 "다비의 영향력이 지속되었다면 자신이 섬기는 교회에서 아무리 사랑받고 존경받는 입장이거나 명예를 가진 교사라도, 다비의 권위는 그를 그 교회에서 쫓아낼 수 있을 정도로 충분했다. '모임(assembly)'의 권위는 이 놀랄만한 폭정의 도구였다"고 하였습니다.

분열이 일어난 후 조지 뮐러와 다비는 다시 화해할 기회를 가지지 못하였습니다. 뉴턴은 1848년에 문제가 되었던 자신의 견해를 수정하여 '주님의 인성에 관한 주제(A Letter on Subjects Connected with the Lord's Humanity)'를 출판하였습니다. 베데스다의 지도자들은 이 책에서 문제점을 발견하고 그해 12월에 교회적으로 다시 한 번 반대 관점을 표명하였습니다.

이 당시 프랑스를 방문하고 있었던 다비는 이 소식을 듣고 1849년 7월에 조지 뮐러에게 찾아와 화해할 것을 요청하였습니다. 그러나 조지 뮐러는 다비가 그 동안 지나치게 혹독한 행동을 하였기 때문에 분리든 연합이든 이 문제에 시간들일 필요가 없다고 하면서 거부하였습니다. 결국, 두 사람은 각자의 길을 가게 되었습니다.

(3) 다비에 대한 평가

형제운동은 19세기의 오래된 문제들과 잘못된 전통을 척결하고자 했고, 그것을 실행하는 과정에서 인간적인 조직과 권위의 어떤 형태도 거부하였습니다. 그러나 비록 공식적인 임명과 직책은 사라졌지만 사실 그들에게는 교회를 세우는데 중요한 기초를 세운 다비가 특별한 존재로 여겨졌습니다. 그 결과 성령에 의해 진리로 인도되어져야 할 교회에 다비가 엄청난 영적 권위를 가지고 고위 성직자로 여전히 남아있었던 것입니다. 이 모순은 다비라는 인물의 효과적인 지배를 받아들이려는 사람들과, 독재적인 지도자가 있는 교회를 거부하고 형제들이 서로 순수하게 보편적인 교제권을 실현하기를 원하는 사람들 간의 분열을 초래하였습니다.

비록 다비가 형제운동의 창시자는 아니지만, 형제운동이 태동하였을 때 교리적인 체계를 세우고 세계적으로 확산하는 데 미친 영향력을 무시할 수 없습니다. 앞에서 소개한 대로 일찍이 그로브스는 편지를 통하여 초기에 시작된 작은 교회들이 그리스도보다 다비를 교회의 머리로서 여긴다는 우려를 전하였습니다. 다비는 어떤 공식적인 권위가 없는 상황에서 비개방적 모임에서 받은 엄청난 존경심을 바탕으로, 한 개인이나 모임을 교제권에서 단절시킬 수 있다는 위협을 무기로 삼았습니다.

형제운동의 역사가들은 다비에 대해 긍정적인 면과 부정적인 면에서 다음과 같이 평가합니다.

❶ 긍정적인 면

첫 번째로, 다비는 형제운동에 힘을 불어넣은 데 지대한 공헌을 하였습니다. 최초로 형제운동의 역사에 대하여 기록한 니트비는 그로브스와 조지 뮐러에게도 지대한 공이 있지만 다비야말로 플리머스 브레드린을 이끌고 이 운동에 활기를 불어넣었던 사람이라고 하면서 다음과 같이 평가하였습니다.

「그의 장엄한 이론들, 저항할 수 없는 열정적 의지, 완벽한 전략적 직
감, 천재적인 행정능력, 그리고 무엇보다도 거대한 영향력으로 다비
는 브레드린에서 타의 추종을 불허할 정도로 우뚝 섰다.」

다비는 그의 천재적인 능력과 탁월한 지도력으로 형제운동을
이끌어 갔습니다. 다비는 특별히 언어 능력도 뛰어나서 라틴어, 히
브리어, 헬라어, 프랑스어, 독어, 이태리어에 능통했고 네델란드어
도 조금 구사하였습니다. 그리고 성경 전체를 영어, 프랑스어, 독
어로 번역하였고, 신약을 이태리어로 번역하였습니다.

다비는 많은 글을 썼는데, 작품 중 대다수가 보존되고 출판되어
오늘날에도 읽어볼 수 있습니다. 그는 탁월한 신학자요 선교사였
습니다. 코드는 다비의 영향력에 대하여 "죽음 후 거의 한 세기가
지나도 제자들이 경외심으로 접근하고 헌신을 할 만한 대상은 거
의 없다. 하지만 다비의 제자들은 오히려 성경을 연구할 때는 그러
한 욕망을 거의 보이지 않으면서 다비의 저서는 경외심을 가지고
헌신적으로 공부하였다"고 말하였습니다.

조지 랑(George H. Lang)은 다비가 그 시대에 쓰임 받은 일꾼이었
다는 것을 다음과 같이 말하였습니다.

「교회론적인 문제들에 관하여 내가 다비와 의견이 다르다는 것은 분명

하다. 그럼에도 불구하고 주 예수 그리스도를 향한 깊은 헌신, 말씀에 대한 심오한 해석, 하나님의 목적에 대한 풍성한 이해, 그리고 그의 시대에 영향을 미친 지도자로서 그를 대단히 존경한다고 즉시 말할 것이다. 정말로 나는 복음주의적인 관점에서 진정으로 그가 19세기에 성령에 의하여 쓰임 받은 가장 뛰어난 도구 중 하나였다는 의견에 동의한다.」

위의 글에서 보듯이 다비가 19세기에 쓰임 받은 사람 중의 한 사람이었다는 사실은 개방적 브레드린에 속한 사람도 인정하였습니다. 다비는 그리스도에 대한 헌신과 성경에 대한 깊은 이해로 형제운동이 활발히 진행되도록 이끌어갔습니다.

두 번째로 다비에게서 볼 수 있는 것은, 복음에 대한 열정과 자기 부인의 삶입니다. 중년의 나이가 되어서도 복음을 전하기 위해 걸어서 여행했으며 프랑스와 스위스를 두루 다녔습니다, 여행 중에 밤톨로 허기를 채우거나 달걀 하나를 먹으며 밤을 견디기도 하였습니다. 그의 살림살이는 모든 것이 검소하였고, 옷이 다 해어질 때까지 입고 다녔습니다. 이처럼 다비가 그리스도를 위하여 얼마나 자기를 부인하면서 헌신적으로 살았는지 여러 자료에서 확인할 수 있습니다.

세 번째로 다비는 연약한 사람에게 애정이 많았습니다. 또한 쾌

활하고 깊은 동정심을 가진 사람으로 매우 겸손하였습니다. 비록 그를 반대하는 동료들은 무시무시한 대우를 받았다고 생각했지만 가난한 자나 약한 자에게는 순수한 동정심을 보여주었습니다. 그는 부유한 자들보다는 가난하고 더 무식한 자들을 찾아가서 그들과 함께 지내기를 좋아하였습니다.

니트비는 다비가 친절하고, 정이 많으며, 이타적이고, 가난한 자들에게 연민이 깊은 사람이었음을 드러내는 사건들을 기록하고 있습니다. 다비는 한 아이가 불편하게 자는 모습을 보고 외투를 말아 베개를 만들어주었고, 항해 중에 피곤한 엄마가 다만 몇 시간이라도 잠잘 수 있게 아이를 팔에 안고 밤새도록 갑판을 오가기도 하였습니다. 가난한 친구가 병들었을 때 그를 위하여 천한 일을 하였고, 부자보다는 가난한 사람과 함께 있기를 좋아했습니다. 이처럼 다비는 다른 사람들에게 진정으로 그리스도의 사랑을 나타낸 사람이었습니다.

이러한 다비의 개인적 경건에는 세 가지 주요한 특징이 있습니다.

첫 번째 특징은 그리스도의 재림이 임박했다는 그의 열렬한 기대입니다. 이것은 모든 브레드린의 예배와 전도와 설교에 영향을 미쳤고 그러한 영향은 지금까지도 계속되고 있습니다.

두 번째 특징은 소망 없이 길을 잃은 인류를 향한 하나님의 궁극적이고 무오한 계시로서 성경을 사랑하고 경외했던 것입니다. 뉴먼의 자서전인 '믿음의 단계(Phases of faith)'를 읽고 1851년 다비가 회답한 서문에서도 성경을 향한 다비의 신념의 깊이가 잘 드러납니다.

> 「근 30년간, 나의 즐거움, 나의 안락함, 나의 음식, 나의 강건함은 하나님의 말씀인 성경에 있었다. … 말씀은 내 영혼과 하나님을 연결하는 끊어질 수 없는 끈으로, 나는 이 말씀을 굳게 잡아야 한다.」

다비의 경건의 세 번째 특징은 천국을 매우 가깝고 거의 실제로 느낄 수 있는 곳으로 인식하고 있었다는 것입니다. 초기에 지은 찬송 가사들과 그의 편지들을 보면 천국에 대한 다비의 실제적 인식이 얼마나 강했는지를 잘 보여줍니다.

> 「시간이 더 빨리 갔으면 좋겠다. 나의 소망은 오로지 안식의 땅, 곧 하나님의 보배로운 안식의 땅이다. 내 마음은 영광에 대한 생각, 그리스도께서 우리를 위해 예비하신 안식에 대한 생각으로 점점 더 커진다. 그리곤 온 맘으로 거기를 그리워하며 한숨을 쉰다. 내 생각과 내 기쁨은 거기에 있다.」

그의 경건한 모습에서 세속화를 거부하고 거룩한 삶을 추구하는 순결함을 볼 수 있습니다. 반면에 다비의 이러한 경건성은 현실 세계를 부정하는 경향으로 흐른다는 비판도 피할 수 없습니다. 비록 다비에게 결함이 있을지라도 역사가들은 긍정적인 면을 인정하고 있습니다.

❷ 부정적인 면

다비와 같이 숭고한 사람이 어떻게 형제운동의 분열을 지휘하게 되었는지에 대해서는 그의 부정적인 면을 통해서 살펴볼 수가 있습니다. 비록 훌륭한 면이 많이 있었지만 형제운동의 역사를 연구하는 학자들에게 다비는 그다지 좋은 평가를 받지 못하고 있습니다.

첫 번째로, 형제운동에 활력을 불어넣었던 다비가 분열을 일으키면서 형제운동을 억제하고 방해하였다는 것입니다.

스미스(Nathan Smith)는 "다비만큼 브레드린이 지속해서 누릴 수 있었던 영적 부흥을 억제하거나 방해한 사람도 없다"고 말하였습니다. 이 말이 지나치게 혹독한 비난일지 모르지만 다비가 급속도로 성장하던 형제운동을 분열시킨 일에 대해서는 책임을 면할 수 없다는 것입니다. 분열이 되면서 처음에 가졌던 연합의 원리가 깨어졌고, 그러한 이상에 동참하던 사람들을 양쪽으로 갈라놓았기 때문입니다.

두 번째로, 다비는 편협한 독재자라는 평가를 받습니다. 샌딘(Ernest R. Sandeen)은 "다비는 그를 칭찬하는 역사가들과 그를 비난하는 역사가들 모두에게 더 나은 대접을 받아야 마땅하다"고 말하였습니다. 그럼에도 불구하고 샌딘은 다비를 '옹졸한 독재자(petty tyrant)'로 묘사합니다. 니트비는 다비에 대해 다음과 같이 말하였습니다.

「다비는 누군가가 그의 권위에 의문을 제기한다든지, 권위가 나뉘는 것을 참을 수 없었다. 권위에 대한 그의 강한 집착으로, 다른 모든 장점과 단점 위에 우뚝 솟아있던 친절함, 연민, 익숙한 친근함, 그리고 자기 성품의 씨줄과 날줄로 엮인 듯 보이는 그의 관대함은 잊혀졌다.」

위의 글에서 보듯이 다비는 사도적 사명감으로 자신의 가르침을 지키고자 하였기에 지나치게 권위를 휘둘렀던 것입니다. 사실 다비는 자기가 옳다고 믿는 일에 대해서는 조금도 양보할 수 없는 사람이었습니다. 다비는 다른 사람이 왜 그렇게 생각했는지 이해하려고 하지 않았고, 다른 사람과 조화를 시도하지도 않았습니다. 자기 자신의 옳음을 의심하지 않는 사람들에게 공통적으로 나타나는 교만이 다비에게도 있었던 것입니다.

코드는 다비의 천재성과 그리스도를 향한 헌신은 찬사를 받을 만하지만 사도적 부르심의 확신에서 나오는 권력의 욕구가 비극을 불러왔다고 합니다. 다비는 하나님으로부터 직접 개인적으로 부르심을 받았다고 생각했습니다. 그래서 그에게 주어진 임무를

대적하여 끊임없이 활동하는 간교하게 숨은 악에 대처하고자 하였습니다. 그는 하나님의 인도하심을 감지한다고 느꼈고, 그 인도하심에 반대하는 이단은 교묘하게 활동한다고 생각해서 자신을 반대하는 사람들을 하나님의 적이라고 여겼던 것입니다.

결론적으로, 다비에 대한 헤르족(Johann J. Herzog, 1805~1882)의 평가를 주목해 보고자 합니다. 그는 다비를 반대하는 입장이었지만 다비에 대해 종합적으로 평가하고 있습니다. 헤르족은 다비를 한 명의 그리스도인, 교사, 형제운동의 지도자로 각각 구별해서 보아야 한다고 하였습니다. 일반적으로 다비에 대한 비난은 근본적으로 이 세 가지 인격이 내면에서 완벽한 조화를 이루지 않았다는 것입니다.

첫 번째로, 일반적인 그리스도인의 인격의 관점으로 보면 다비는 가장 훌륭한 증인의 자격을 갖추었다고 하였습니다. 앞에서 살펴본 바와 같이 그리스도인으로서 다비의 삶은 대단히 칭찬받을 일이라는 것입니다.

두 번째로, 교사로서의 다비는 목회 활동뿐 아니라 설교들을 통하여 그가 원하는 때에 사람들의 심령을 고양시킬 수 있었습니다. 다비는 복음의 진리를 감동적으로 전하는 뛰어난 은사를 가지고 있었습니다. 또한 많은 사람에게 선행을 하면서 그들을 보살폈고, 사람들이 회개하게 하는 데 쓰임 받은 뛰어난 하나님의 도구였습니다.

하지만 세 번째로, 다비가 가르치는 중에 교회 치리에 대한 질문을 제기할 때나, 모임의 우두머리로 일할 때에는 다른 모습으로 나타났습니다. 또는 이미 회개한 영혼들을 자신의 깃발 아래 결속시키려고 할 때 확실히 자신의 수준 이하로 떨어졌다는 것입니다. 헤르족은 다비가 비록 훌륭하지만 "우리의 비판 중 대부분은 그의 교회체계와 그의 지위, 특정 집단의 지도자로서 그의 행위들에만 관련되어 있다"고 정리하였습니다.

이와 같은 헤르족의 평가가 다비에 대한 이해를 도울 수 있을 것입니다. 다비가 가진 그리스도인으로서의 삶의 자세, 교사로서의 탁월한 능력은 마땅히 찬사를 받아야 합니다. 다만 자신의 가르침 아래 사람들을 모으려고 하였을 때는 냉혹하게 반대자들을 공격하였다는 것입니다. 또한, 다비는 플리머스 브레드린에 이단적 가르침이 들어올 수 있는 것에 대한 두려움을 가지고 자신의 가르침을 반대하는 것은 이단적이라고 보았습니다. 그래서 다비는 사도적 소명을 받았다는 확신으로 자신의 가르침에 반대하는 견해에 대해서는 강하게 반박하였던 것입니다.

(4) 개방적 브레드린(Open Brethren)과 비개방적 브레드린 (Exclusive Brethren)의 구분

브레드린의 모습은 다양한 스펙트럼으로 나타나기 때문에 전 세계적으로 널리 퍼져있는 브레드린에 대하여 간단히 정의를 내리는 것은 불가능합니다.[39] 그러나 브레드린에는 크게 개방적 브레드린과 비개방적 브레드린의 두 부류가 있다는 사실을 이해할 필요가 있습니다.[40] 개방적 브레드린에 속했던 F. F. 브루스는 소책자를 통해 브레드린에 대하여 가장 일반적으로 알려진 권위 있는 설명을 내놓았습니다. 그는 여기서 브레드린에 대해 개방적 브레드린과 비개방적 브레드린을 다르게 분류해서 설명하고 있습니다. F. F. 브루스는 이 사실을 로우던의 책 도입부에서도 다음과 같이 밝히고 있습니다.

「형제운동은 결코 한 가지 방향으로 진행되는 하나의 운동이 아니었다. 초기부터 뚜렷한 두 개의 구별된 운동이 있었고, 이 두 운동이 일시적으로 함께 했을 뿐이기 때문에 그들의 연합은 표면적이었다.」

위의 글에서 형제운동은 다비계열(Darbyite)의 그룹과 개방적 브레드린이 처음부터 다른 성향을 가지고 있었기 때문에 표면적으로만 함께 하였다는 것을 알 수 있습니다. F. F. 브루스와 마찬가지

---

39) 특히 개방적 브레드린은 지역 교회의 독립과 자율성으로 인하여 매우 다양한 모습을 보이고 있기 때문에 브레드린에 대하여 획일적으로 평가할 수 없다. 예를 들어, 케네스 뉴턴(Kenneth John Newton)은 자신의 박사학위논문(A History of the Brethren in Australia with Particular Reference to the Open Brethren)에서 호주의 개방적 브레드린이 놀라울 정도로 가지각색인 것을 지적하였다. 즉 개방적 브레드린 내에도 다른 리더십 모델, 다른 예배 방식들, 관습, 교회 정치와 종말론에 관한 다양한 신학적 모습이 있다는 것이다.

40) 맥라렌(McLaren)은 'Open Brethren'을 'Christian Brethren', 'Brethren' 그리고 'Opens'와 동의어로 정의를 내린다. 비슷하게, 그는 'Darbyite Brethren'을 'Darbyites', 'Exclusive Brethren' 혹은 'Closed Brethren'으로 정의를 내린다.

로 이거도 형제운동을 올바로 이해하기 위해서는 개방적 브레드린과 비개방적 브레드린의 차이를 분명히 해야 할 필요가 있다고 주장합니다. 비개방적 브레드린은 중앙통제의 권위를 가진 지도자 아래 연합된 특정 집단으로 다른 기독교 종파들로부터 극단적으로 분리되는 교리를 고수하고 있는 배타적인 그룹이라는 것입니다.

> 「플리머스 형제운동은 반드시 두 개의 구분되는 운동으로 구별되어야 할 것이며, 학자들에 의하여 새로운 방법으로 연구되어야만 한다.」

위의 글에서 이거는 개방적 브레드린과 다비의 주도하에 있었던 비개방적 브레드린을 구분해야 할 것을 분명하게 보여주고 있습니다. 이러한 주장은 형제운동의 역사와 교리를 이해하는 데 있어서 중요한 관점을 제시하기 때문에 주목할 필요가 있습니다. 그러나 실상은 이와 같은 사실이 잘 알려지지 않았습니다.

로우던은 "사람들이 다비계열과 개방적 브레드린의 차이를 알아보는 데 상당한 시간이 걸렸다"고 말하였습니다. 코드도 "사람들이 다비와 다비주의의 부정적 영향으로 브레드린에 대한 오해를 가지고 있다"고 지적하였습니다. 즉, '플리머스 브레드린'이라는 하나의 용어를 사용함으로써 개방적 브레드린과 다비를 따르던 비개방적 브레드린을 같이 취급하고 있다는 것입니다.

그 결과 브레드린에 대해 혼동이 일어나고 오해를 받게 되었다고 합니다.[41]

개방적 브레드린과 비개방적 브레드린에 대한 구분은 무엇보다도 교회론의 차이에서 비롯됩니다. '베데스다 회람'에서 볼 수 있듯이 어떤 결정에 대하여 '개별 교회의 독립성을 인정하는가' 혹은 '중앙집권으로 교회들의 조직적 연합체를 추구하는가'의 차이입니다.

개방적 브레드린	비개방적 브레드린(다비계열)
○ 지역 교회의 독립 인정	○ 중앙통제조직의 한 몸 된 교회
○ 연합의 개념은 '하나님 가족으로서의 공동체적인 삶'	○ 연합의 개념은 '악으로부터의 분리'
○ 다른 교단에 속한 사람도 우주적인 교회의 일원으로 인정	○ 기존 교회에서 분리되어 나와 따로 모여야 할 것을 주장
○ 복수의 장로에 의한 목회	○ 개별교회의 장로를 인정하지 않음
○ 믿는 자에게 주는 침례	○ 다비는 유아세례 수용

다비는 개인의 믿음보다는 교회가 어떤 교리를 가지고 있느냐

---

41) 이러한 사실을 볼 때 '플리머스 브레드린'이라는 명칭이 19세기 초반에 일어난 형제운동을 바르게 대변하지 못한다는 것을 알 수 있다. 배스(Clarence B. Bass)는 '세대주의란 무엇인가'(생명의말씀사)는 책에서 두 그룹의 브레드린에 대하여 설명하였다. 그는 형제운동에 대한 그 책의 '역사적 개요와 교회론의 분석'은 비개방적 브레드린에만 해당하며 '다비의 교회론을 개방적 브레드린에 적용하는 것은 오류'라고 명확하게 밝히고 있다.

하는 것을 중요하게 생각해서 교회 전체를 하나로 통제해야 한다고 생각하였습니다. 이러한 중앙통제는 다비 개인의 강력한 영향력이 있었기 때문에 가능하였습니다. 다비는 교회 징계의 권한을 가지고 30여 년 동안 비개방적인 그룹을 하나로 묶는 데 성공하였습니다.

반면에 브리스톨에서는 그가 어디에 속해 있든 상관없이 개개인의 믿음을 더 중요하게 생각하였습니다. 그들은 하나님 앞에서 각각의 교회가 독립적으로 교회의 질서와 징계에 관하여 주된 책임을 가지고 있다고 믿었기 때문입니다.

두 부류의 브레드린은 형제운동의 중요한 원리인 연합의 개념에 대해서도 차이를 보입니다. F. F. 브루스는 1845년까지 있었던 그리스도인 연합의 원리에 대한 두 가지 가르침은 형제운동 내에서 긴장감을 조장했다고 말합니다. 그것은 개방적 브레드린의 '하나님의 가족으로서의 공동체적인 삶'과 다비의 '악으로부터의 분리'입니다. 형제운동의 초기에는 이러한 차이에도 불구하고 함께할 수 있었지만 1848년 다비의 교회론이 표면으로 드러나면서 결국 개방적 브레드린과 비개방적 브레드린으로 나뉠 수밖에 없었습니다.

엠블리는 "그로브스가 열망하던 모든 그리스도인의 연합을 추구하던 성찬식은 비개방적 브레드린보다 개방적 브레드린에서 더

깊이 있게 실현되었다"고 평가합니다. 브로드벤트(E. H. Broadbent)도 "채프먼과 더불어 교제의 원초적 근거를 유지했던 개방적 브레드린이야말로 능동적인 복음증거 사역을 하면서 세계로 뻗어 나갔다"고 하였습니다. 그는 교회사에서 지극히 소수의 무리더라도 초대교회의 전통이나 교훈을 그대로 따르려는 노력이 계속되어 왔다는 것을 밝혀내고 있습니다. 그리고 그들 중에 개방적 브레드린이 있다고 하였습니다.

> 「초대교회 시대의 전통이나 교훈들에 일치하고자 하는 노력은 결코 중단된 적이 없었다. 비록 때때로 지극히 소수의 무리에 의하여서라도 그러한 노력은 지속되었던 것이다. 근대에 와서도 그러한 예들을 볼 수 있는데, 곧 … 그로브스, 크로닌, 벨렛 등의 인물들이 관련되었던 더블린의 모임들, 조지 뮐러, 크레이크 및 그들과 함께하였던 무리들에 의하여 형성된 브리스톨의 교회, … 등이다.[42]」

여기서 브로드벤트가 형제운동의 초기 지도자들을 언급할 때 다비의 이름을 배제했다는 것에 주목할 필요가 있습니다. 왜냐하면 이 책에서 다비의 교회론을 다른 부류로 다루고 있기 때문입니다. 이에 대해 교회사가인 오르(James Edwin Orr)는 외부인의 관점

---

42) 브로드벤트는 이 책을 저술할 때에 16장에서 '형제운동의 기원, 그로브스, 조지 뮐러, 채프먼'을 다루고, 17장에서 '성도의 교제와 영감의 문제'에서 다비와 그의 교회론을 다룸으로써 다비를 형제운동에서 배제하고 있다. 그는 또한 18장의 결론에서도 다비의 교회론을 형제운동과는 다르게 분류하고 있다.

에서 다음과 같이 평가하였습니다.

「브레드린의 중립적인 관찰자는 누구든지 개방적 브레드린이 형제운동의 진리와 실천의 진정한 후계자임을 알 수 있다. 그들은 브레드린의 첫 모임의 동기가 된 견해에 충실했을 뿐 아니라, 복음주의와 선교에 대한 그들의 중요한 복음적 계획에 온전히 헌신하였다. 그들의 영향력은 그들의 인원수와는 어울리지 않을 만큼 커졌고, 그들은 영국 교회의 복음주의적 무리와 많은 교파에까지 대단한 영향을 미쳤다. 실제적인 문제에서, 그들은 분명한 복음주의 사역, 복음주의, 부흥, 선교, 자선활동에 협조하였고 복음주의적 교리를 일관되게 유지하였다.」

위의 글에서 알 수 있듯이 개방적 브레드린이 초기 형제운동의 원리를 그대로 실천한 사람들입니다. 그들은 지역 교회의 다양성을 수용하면서 연합의 원리를 배타적으로 적용하지 않고 다른 교파나 교단과도 기꺼이 친교를 나누면서 초기 형제운동의 정신을 이어나갔습니다. 그러나 브레드린이 분열된 이후 비개방적 브레드린의 많은 성도는 지속적으로 개방적 브레드린과의 교제를 단절하였습니다.[43] 이처럼 개방적 브레드린과 비개방적 브레드린은 같은 기원을 가지고 있지만 다른 방향으로 발전하여 왔다는 사실을 알아야 형제운동을 바르게 이해할 수 있습니다.

---

43) 바커(Barker)는 비개방적 브레드린으로부터 개방적 브레드린이 '죄악의 구렁텅이', '기독교의 가장 더러운 개천', 그리고 '실제에 유사한 까닭에 더욱 위험한 모조품'으로 비난받는 것을 들었다고 하였다.

2. 형제운동의 분열 이후의 발전

1848년 분열 이후 비개방적 브레드린은 다비의 교회론에 따라 하나로 결집되어 있었지만, 1881년부터 그 교회론으로 인하여 또 다시 수차례에 걸쳐 분열을 겪게 되었습니다. 그 과정에서 비개방적 브레드린은 해가 갈수록 점점 더 안으로 파고들고 사회로부터 단절되었습니다. 그와 같은 현상은 1882년 다비가 죽은 후 더 심화하고 신비적으로 되었습니다. 코드는 "다비는 점점 더 자신의 교제권 밖에 있는 모든 교회를 불신하였고 '악'과 '세속성'에 병적으로 집착하게 되었다. 그래서 그는 자신의 추종자들을 평범한 생활로부터 격리해서 결국 불행한 길로 이끌었다"고 합니다.

한편, 지역 교회의 독립성을 가진 개방적 브레드린은 중앙통제 조직이 없이도 선교에 대한 열정으로 전 세계로 확장되어 나갔습니다.

(1) 비개방적 브레드린의 역사

다비가 살아있는 동안 1860년에서 1880년대까지 다비를 따르는 많은 교회가 번성하여 비개방적 브레드린은 전성기를 맞았습니다. 1866년에 다비의 신비로운 가르침 때문에 비록 초기 지도자들이 떠나는 사건도 있었지만 다비의 영향력은 지속되었습니다.[44]

---

44) 1866년에 다비는 '속죄와 전적으로, 그리고 완전히 대비를 이루는 그리스도의 고난의 세 번째 특징, 하나님의 통치 아래의 고난(The third character of Christ's sufferings, the suffering under the

그들은 다비가 사망하기까지 완벽하게 응집되어 있었습니다. 일부가 공인한 극히 작은 규율조차 모든 교회가 공인할 정도였습니다. 이것은 무엇보다 다비가 거의 사도에 가깝게 행동하고, 세계 곳곳의 비개방적 브레드린에 수많은 편지를 보내서 지속적으로 연락하고 있었기 때문이었습니다.

니트비는 추종자들에 대한 다비의 지배력은 교황에 못지 않는 것이었다고 하였습니다. 그는 "다비파는 항상 로마 교회의 모든 거만으로 제명이라는 무기를 가지고 휘둘렀다. 자신들의 작은 영역 안에서 … 거의 테러와 같은 식이었다"라고 하였습니다.

다비는 비개방적 브레드린을 이끌면서 선교활동을 위하여 유럽 전역을 정기적으로 방문하고 북미, 서인도 제도, 뉴질랜드, 이탈리아까지 찾아갔습니다. 또한 그는 세계 곳곳의 비개방적 그룹의 교회에 편지를 보내 지속적으로 연락하였습니다. 그 결과 그가 사망할 때까지 전 세계에는 대략 1,500여 개의 교회가 세워졌습니다.[45]

그러나 다비의 노년에는 가장 가까운 추종자 중 일부와도 갈등을 빚으면서 비개방적 브레드린 내에서 분열이 일어나기 시작하

---

government of God, a character wholly and entirely contrasted with atonement)'을 가르쳤다. 비개방적 브레드린의 몇몇 존경받는 교사들은 이 교리가 뉴턴의 이단적 가르침과 동일하지는 않다고 하더라도, 다비가 뉴턴과 거의 같은 관점을 가지고 있다고 보았다. 그러나 다비는 그의 가르침을 철회하기보다는 교제를 단절하기를 원하였다. 그 결과 초기 지도자들이었던 도르만, 홀, 뉴베리(Thomas Newberry), 스탄콤(Jos Stancomb), 그리고 다른 이들이 다비를 떠나갔다.

45) 비개방적 브레드린의 역사가인 밀러(Andrew Miller)에 따르면 1880년까지 영국 전체에 비개방적 브레드린의 교회들이 750군데 있었으며, 캐나다 101, 미국 91, 네덜란드 39, 독일 189, 프랑스 146, 스위스 72, 그리고 나머지 22개국에도 여러 교회가 있었다고 한다.

였습니다.

첫 번째 분열은 '켈리(Kelly) 분열'이라고 일컬어지는데 다비가 죽기 1년 전인 1881년에 일어났습니다. 이 분열은 1879년 크로닌이 파크가의 런던중심모임의 승인을 받지 않은 새로운 교회에 참석하였다는 이유로 출교를 당하면서 시작되었습니다.[46] 이 과정에서 다비는 스토니에게 크로닌을 옹호했던 자신의 측근 켈리(William Kelly, 1820~1906)를 쫓아내지 말라고 간청하였지만 결국 켈리는 출교되었습니다. 그 결과 켈리를 비롯하여 니트비, 앤드루 밀러 등이 다비를 떠나면서 비개방적 브레드린은 양분되었습니다. 니트비는 침례주의자는 대부분 켈리를 지지하게 되었고, 유아세례론자들은 다비를 지지하였다고 합니다.

「이 과정에서 죄목은 이단 교리의 문제가 아니었다. 문제는 완전히 절차상의 것이었다. 그러면서 새로운 행동양식이 세워졌다. "파크가에 고개를 숙여라" 이런 현상이 그들 사이에서 강하게 나타났다.」

니트비의 말처럼 비개방적 브레드린에서 일어난 분열은 교리적인 문제가 아니라 그들이 가지고 있는 구조적인 문제, 즉 중앙통제의 문제였습니다. 다비계열은 그들이 중요하게 여기는 것에 대

---

46) 이 무렵에는 위그램에 의해 시작된 파크가의 런던중심모임이 비개방적 브레드린의 중앙통제조직으로 떠올랐다.

하여 자신들과 뜻을 같이하지 않는 모든 사람으로부터 자신을 분리하는 원칙을 가지고 있었습니다. 이러한 분위기는 분열에 분열을 낳는 복잡한 결과를 초래하였습니다. 분열 이후 켈리 진영은 그가 살아있는 동안 활력을 가지고 있었지만, 그가 죽기 직전 프레디(William W. Fereday, 1866~1959)의 지도 아래 있던 소수의 교회는 개방적 브레드린에 합류하였습니다.

두 번째 분열은 '그랜트(Grant) 분열'이라고 불리는데 다비의 사후 1884년에 일어났습니다. 그랜트(Frederick W. Grant, 1834~1902)는 북미에서 잘 알려진 은사 있는 성경교사였습니다. 그의 오랜 동료이자 브레드린에 속했던 아이언사이드(Harry A. Ironside, 1876~1951)[47]는 다음과 같이 말하였습니다.

「그랜트는 1880년 무렵 미국의 비개방적 브레드린 사이에서 중추적 인물이 되었다. … 지금까지도 많은 사람은 정확함과 영적 통찰력 면에서 그를 다비의 스승으로 생각한다. 그러나 그는 항상 자신을 다비에게 빚진 제자로 여겼다. 마지막까지도 그 두 사람은 돈독한 친구였다.」

47) 20세기의 가장 위대한 설교가 중 한 사람인 H. A. 아이언사이드는 14세에 회심한 직후 구세군에서 복음전도 설교자로 활동하였다. 그러나 완전성화교리에 대한 갈등을 겪은 후 구세군을 떠나 브레드린에 연결된다. 그는 브레드린과 교제하며 브레드린의 믿음으로 공급받는 원칙에 따라 살면서 순회설교자로 활동하였다. 1930년에 무디기념교회에서 목사로 청빙받아 18년 동안 그곳에서 설교를 하기도 하였다. 1948년부터 다시 자유롭게 순회설교자로 사역하였다. 그는 평생 7,500회의 메시지를 명료하고 단순하게 전한 것으로 평가받고 있으며, 51권의 성경 강해서와 많은 저술을 남겼다.

이처럼 다비와 각별한 사이였던 그랜트도 분열에 휩싸이게 되었습니다. 이것은 비개방적 브레드린이 중앙통제조직을 가지면서 자연스럽게 생겨나는 권력구조 때문이었습니다. 그랜트는 "우리가 파크가의 결정에 동의하는 것은 관련된 사실과 상황 때문이 아니라 '하나의 몸과 하나의 성령'이라는 근본 배경 때문이다"라고 말하였습니다. 그러나 후에 런던에 있는 여러 지역의 교회들을 획일적으로 통제하는 중앙통제 조직을 비판하였습니다.

이 사실이 알려지자 파크가의 '런던중심모임'의 지도자들은 심기가 불편하였습니다. 그 후 '성령의 인침'에 대한 의견 차이가 생기자 그랜트는 출교되었습니다. 그러나 캐나다와 미국의 3/4의 교회들은 그 결정을 받아들이지 않고 그랜트를 따르게 되었습니다. 그 이유는 그랜트의 가르침을 지지해서라기보다는 그들의 독단적인 방법에 항의하기 위해서였습니다. 사실 그랜트에 대한 출교는 근본적인 교리의 문제라기보다는 런던의 중심세력과 다른 길을 걷고 있는 것에 대한 거부였습니다.

세 번째로 주목할 분열은 1885년에 일어난 '스튜어트(Stuart) 분열'이라 불리는 것입니다. 리딩(Reading)교회의 스튜어트(Clarence E. Stuart, 1828~1903)는 다비의 오랜 친구로서 히브리어 연구에 조예가 깊은 학자로 인정을 받았습니다. 그러나 다양한 세부 사항에 자신의 전형적인 해석을 첨부하여 출판하면서 공격을 받게 되었습니다. 그것은 신약에서 지지하는 핵심을 넘어서는 것이었습니다. 스토니는 "그리스도를 영접한 순간에 모든 영적인 축복을 소유한다"고 주장하는 반면에 스튜어트는 "일부의 축복만 들어온다"고 하였습니다.

파크가의 모임은 리딩교회와 스튜어트를 출교하였습니다. 그 결과 런던을 비롯한 영국의 80개 교회와 호주와 뉴질랜드 대부분의 교회들이 스튜어트를 지지하면서 분리되었고, 그들은 스튜어트 분파(Stuart section)를 형성하였습니다. 이들은 그 이후의 역사에 거의 영향을 미치지 못하였고, 1909년에 영국과 뉴질랜드 분파로 다시 나뉘게 되었습니다.

네 번째 분열은 1890년에 일어난 '로우(Lowe) 분열'입니다. 다비가 죽은 뒤 지도력은 초기 더블린 시절부터 함께 해온 스토니에게로 넘어갔다가 1888년 경에는 다시 런던에 있는 그리니치교회의 레이븐(Frederick E. Raven, 1837~1903)에게로 넘어갔습니다. 아이언사이드에 의하면 스토니의 가르침은 경험적이고 주관적인 면이 강하였는데 레이븐은 이보다 훨씬 더 심해서 여러 성경교사의 심한 비판을 받았다고 하였습니다.

1890년에 레이븐이 속한 그리니치(Greenwich)교회와 벡스힐(Bexhill)교회 사이에 문제가 생겼을 때 파크가의 모임은 레이븐을 지지하였는데 비개방적 브레드린 대다수가 이 결정을 따랐습니다. 그러나 유럽의 교회들은 대부분 로우(W. J. Lowe, 1839~1927)의 영향이 강해서 이러한 결정을 반대하고 분열되어 나갔습니다.

비개방적 브레드린의 다섯 번째 분열은 1908년에 일어난 '글랜턴(Glanton) 분열'입니다. 1903년 레이븐이 사망할 무렵 비개방적 그룹은 크게 다섯 개의 분파로 나누어져 있었는데, 파크가를 중심으로 하는 레이븐 분파에서 다섯 번째 분열이 일어났습니다. 파크가의 모임이 안윅(Alnwick)교회에서 일어난 분쟁을 중재하는 중에 나타난 글랜턴교회의 처사를 문제 삼아 글랜턴교회를 출교했습니다. 그러나 그 결정을 반대한 25개의 교회가 글랜턴교회를 따르게 되자 분열이 일어났습니다.

이처럼 비개방적 그룹에서 일어나는 분열은 획일화된 연합을 주장한 다비의 중앙집권적인 구조가 가진 한계를 보여주었습니다. 맥도웰은 비개방적 그룹에는 분열하게 되는 메커니즘(mechanism)이 내재되어 있어 전 세계적으로 쉽게 분열이 일어났다고 합니다. 이런 과정에서 그리스도의 임박한 재림에 대한 소망과 자신들만이 참된 교회라는 생각 때문에 극단적으로 변해가기도 하였습니다.[48]

한편 20세기 중반부터는 비개방적 그룹에서 분리되어 나온 일부가 개방적 그룹으로 합류하기도 하였습니다. 그랜트 계열은

---

48) 바버에 의하면 이 분파의 하나인 테일러 계열은 극단적 캘빈주의자들이었고, 엄격하게 청교도적이었으며, 교회 조직에 있어서는 상당히 중앙집권적이었다. 그들은 다른 복음주의 기독교인들뿐 아니라 외부 세계와의 교제와 접촉을 거절하였다. 그리스도의 재림이 임박했다는 소망이 강하여 세상을 거부하는 인생관을 조성하게 된 것이다. 그 결과 신문, 라디오, 텔레비전을 거부하게 하고, 외부인이 섞인 자리에서는 식사를 거절하게 하며, 공동체에 속하지 않는 사람들과는 사회적 접촉을 최소화하게 하는 등의 극단적인 조치를 하였다. 그들은 자기 분파 내에서의 결혼만 허용하였으며, 심지어 부부 중 한 명만이 자기들의 분파에 속했을 때는 영구적인 별거를 권고하였다.

1894년부터 개방적 그룹과 교류를 하다가 1932년에는 개방적 브레드린을 향하여 교제의 문을 열었습니다. 스튜어트와 글랜턴에 속한 사람들도 개방적 브레드린으로 다시 돌아오는 일이 일어났습니다.

비개방적 브레드린 중에는 성경에서 말하는 거룩함, 하나님의 말씀에 대한 충성, 그리고 그리스도의 인격에 깊이 헌신된 사람들이 많이 있었습니다. 그리고 많은 사람들은 몇몇 19세기의 비개방적 브레드린이 쓴 글 속에는 좀처럼 능가할 수 없을 심오하고 숭고한 성경적 통찰력과 그리스도에 대한 깨달음이 들어있다고 느꼈습니다.

피커링에 의하면 "스펄전(Charles Haddon Spurgeon, 1834-1892)은 켈리의 문서사역에 대하여 '주석서의 선구자'라고 평가하면서, 로마교황에 대해서나 사용하는 '전 인류를 위해 태어난 사람'이라고 극찬하였다"고 합니다. 무디(Dwight L. Moody, 1837~1899)는 말하기를 "세계의 모든 책이 다 불타 없어지더라도 성경과 매킨토시(C. H. Mackintosh, 1820~1896)의 모세오경 주해만 있으면 충분하다"고 하였습니다.

(2) 영국제도의 개방적 브레드린 역사

분열 이후 개방적 브레드린은 영국과 전 세계로 계속 확산되어 나갔는데, 특히 1859년의 부흥으로 이 운동은 더욱 확산되었습니다. 초기에는 다비계열의 브레드린이 수적으로 우세하였지만 결국에는 개방적 브레드린의 수가 훨씬 많아졌습니다.[49] 형제운동의 확산을 살펴보기 위하여 1851년의 종교인구조사를 참고할 수 있습니다. 엠블리는 이 통계자료에서 영국과 웨일스에서 공공 예배를 드리는 브레드린 교회가 132개라고 하지만, 가정집에서 모이는 작은 모임들도 상당수 존재하였다고 말합니다.[50] 당시 브레드린 교회는 플리머스, 브리스톨, 반스테플 지역을 중심으로 영국의 서쪽에 절반이 분포하고 있었습니다.

다음으로 1859년의 부흥과 관련하여 개방적 브레드린의 발전에 대해 살펴보고자 합니다. 1850년대에도 광범위한 지역에서 자생적으로 일어난 작은 독립교회들이 형제운동과 연관되면서 형제운동은 더욱 확산되었습니다. 특히 1859년 웨일스와 아일랜드에서 일어난 부흥 운동의 회심자는 수십만 명에 달하였습니다. 이 부흥 운동의 자극은 20년에 걸쳐 영향을 미치며 개방적 브레드린을 발전시켰습니다.

여기서 주목할 사실은 당시 부흥의 씨앗이 되었던 1857년 맥퀼

---

49) 개방적 브레드린도 1893년에 한 번의 분열을 경험하였는데 이른바 '필수적 진리(Needed Truth) 분열'이다. 그 이전부터 몇 년 동안 일부 교회들이 서로 밀접한 교제권을 만들어서 지역 혹은 전국을 감독하는 엄격한 감독조직을 형성하였다. 개방적 브레드린이나 비개방적 브레드린과의 연계를 거부하여 분리된 그들은 교리와 치리에는 정통적이었으나 극단적인 측면이 있었다.

50) 이 자료에서 개방적 브레드린을 가려낼 수 있는 것은 '집사'라는 용어를 사용하였다는 것이다. 모든 개방적 브레드린에서 '장로'나 '집사'와 같은 용어를 사용한 것은 아니지만, 비개방적 브레드린에서는 이런 용어를 사용하지 않았다. 다비가 교회에서 장로나 집사를 인정하지 않았기 때문이다.

킨(James M'Quilkin)의 기도 모임이 조지 뮐러의 책을 읽고 기도에 대한 도전을 받으면서 시작되었다는 것입니다.[51] 역사 속에 묻혀 있는 이 사실은 브레드린이 교회사에 얼마나 큰 영향을 미쳤는지를 단적으로 보여줍니다.

부흥이 일어나는 동안에 기존 교회의 제약에 적응하지 못한 많은 그리스도인들이 브레드린에 자연스럽게 합류하게 되었습니다. 더블린의 회중교회 목사였던 부흥설교자 조셉 스미스(Joseph D. Smith, 1816~1889), 애버딘(Aberdeen)의 사무 변호사이자 성공회 평신도였던 고든 포롱(Gordon Forlong, 1819~1908), 전직 배우이자 모험가였던 존 감블레턴(John Gambleton), 열정적인 데본주 청년인 찰스 허디치(Charles Russel Hurditch) 등이 브레드린에 동참하였습니다.

또한, 부흥의 영향으로 순회전도자들이 복음을 전해서 아일랜드와 스코틀랜드에 수많은 교회가 생겼습니다. 그들 가운데 얼스터(Ulster)와 글래스고(Glasgow)는 브레드린 사역의 가장 강력한 중

---

51) 1857년 아일랜드 청년 맥퀼킨이 조지 뮐러의 책을 통하여 기도하면 응답받는다는 사실에 도전을 받았다. 그는 영적인 동료들을 보내달라고 기도하여 4명이 모이자 조지 뮐러의 책을 함께 읽었다. 그들은 조지 뮐러가 응답받았다면 자신들도 놀라운 역사를 체험할 수 있다고 믿으며 성령의 부으심을 갈망하는 기도회를 하였다. 그리고 정기적으로 기도하며 복음 전하는 일을 하였는데, 얼마 후 이웃 마을의 교회에서 초청받아 집회를 인도하게 되었다. 이 집회가 1859년 아일랜드 부흥의 씨앗이었다. 당시 부흥의 물결이 얼마나 거세었는지 교회 난간이 부서질 정도로 수많은 사람들이 몰려들었고, 약 3천 명 정도의 사람들이 성령에 마비된 상태로 서 있기도 하였다. 심지어 쏟아지는 폭우 속에도 진흙 위에서 무릎을 꿇고 기도했는데, 강력한 성령의 역사로 수많은 이들이 땅에 엎드러졌고 건장한 사람들도 양심이 찔려 비틀거렸다. 이렇게 시작된 성령의 역사는 '지구상에서 가장 냉랭한 영혼들이 사는 곳'이라는 별명이 붙은 이웃 도시인 얼스터로 흘러갔다. 그곳에서도 성령의 역사가 일어나서 사랑과 화해의 물결이 임하였다고 한다. 이처럼 북아일랜드의 작은 시골에서 시작된 부흥의 불은 웨일즈와 스코틀랜드로 번져가서 온 유럽과 전 세계에 영향을 주었다.

심지 중의 하나가 되었습니다.

　순회 전도자 중에 맨체스터(Manchester)에 있는 감리교 집안의 아들이었던 무어하우스(Henry Moorhouse, 1840~1880)는 1861년에 회심하고 순회전도자가 되었습니다. 그가 시카고 교회에서 했던 설교와 무디(Dwight L. Moody)에게 영향을 준 사실은 잘 알려져 있습니다.

　영국에서는 부흥 이전에 이미 많은 브레드린의 교회들이 있었지만 부흥의 분위기로 더욱 성장하고 확산되었습니다. 런던의 북동쪽에서 토트넘교회와 해크니교회가 형제운동의 확산에 이바지하였습니다. 특히 1867년에 세워진 해크니 근처의 클랩턴(Clapton)교회는 700명 이상으로 성장하여 주변 지역에 영향을 주었습니다. 1860년대에 런던 남부에 교회가 세워졌고, 남서쪽에는 햄프턴(Hampton)과 킹스턴(Kingston), 북서쪽에는 세인트 알반스(St. Albans) 등에 교회들이 세워졌습니다. 이처럼 형제운동은 부흥의 밀물과 함께 영국 곳곳으로 퍼져나가고 있었습니다.

　중부 지방에서는 성공회 성직자였던 프레드릭 배니스터(Frederick Bannister)와 존 햄블턴(John Hambleton)이 열정적으로 활동하였고, 랭커셔(Lancashire)와 요크셔(Yorkshire)에서는 리차드 위버(Richard Weaver)와 무어하우스가 활발하게 일하고 있었습니다. 영국 동부와 서부 지방의 오래된 교회들도 계속 성장하였고 웨일스 남부로도 힘 있게 뻗어 나갔습니다.

1870년대 초 이스트본(Eastbourne)에서 강력하게 활동하면서 영국 남동쪽으로도 강하게 퍼져나갔습니다. 그 반대편 스코틀랜드와의 경계선에 있는 칼리슬(Carlisle)에서는 성공한 장로교 목사 라이드(William Reid)가 1875년 브레드린 교회에 합류하여 그 지역에서 또 하나의 중심지가 되었습니다. 인근 켄달과 같이 칼라일 지역의 교회들도 퀘이커 배경의 유명한 비스킷 제조업자 요나단 카(Jonathan Carr)의 도움을 받으면서 성장하였습니다.

이처럼 형제운동은 1859년 부흥의 물결을 타고 영국제도 전역에 더욱 확산되었습니다. 이들은 전체를 통괄하는 조직은 없었으나 교회적 특성에 있어서 같은 원리를 공유하면서 발전하였습니다. 또한 전국 각지의 브레드린이 모이는 수양회에서 만나면서 교류가 활발하게 일어났습니다.

개방적 브레드린은 어떤 조직이나 교단이 없었기 때문에 통계적인 수치를 내기는 쉽지 않지만 쇼트(A. Rendle Short)에 의하면 1차 대전 당시에 영국제도에서만 1,200여 교회가 있었다고 합니다. 브레드린은 그 후에도 계속 성장하였습니다. 코드는 당시 상황을 이렇게 설명합니다.

「만약 이 숫자가 정확하다면 1959년의 브레드린의 주소록에 1,700여 개의 교회가 있으므로 그 후 반세기 동안 더 많이 확산한 것으로 보인다. … 그 수치들은 영국제도에 있는 모든 브레드린의 구성원 수가(비개방적 브레드린을 제외하고) 75,000에서 100,000사이라고 말해 준다. 이것은 침례교와 조합 교회(Congregational denominations)의 1/4에 해당하고, 영국만 계산한다면 조합 교회와 연합하기 전 영국장로교회와 비길 만하다.」

위의 글에서 보듯이 1848년에 분열의 아픔을 겪었지만, 개방적 브레드린은 오히려 성장해 나갔습니다. 다비의 중앙집권적 체제를 거부하고 철저한 독립성을 받아들인 개방적 브레드린은 각 교회의 장로들에 의하여 운명이 좌우되었습니다. 현명하고 관용적인 장로들이 있는 교회일수록 발전하였고, 형제운동은 그런 교회들을 통해서 더욱 확산되어 나갔던 것입니다.

(3) 해외에서의 개방적 브레드린의 역사

개방적 브레드린은 분열 이후에도 영국제도 밖으로 뻗어 나가서 전 세계 대부분의 지역에 존재하게 되었습니다. 특히 선교에 대한 열정은 그 당시에 복음이 전해지지 않았던 세계 곳곳에까지 미쳤고 주요한 선교단체와 지도자들에게도 영향을 주었습니다. 즉, 현대 선교 운동을 주도한 알렉산더 더프(Alexander Duff, 1806~1878)와 중국의 허드슨 테일러, 그리고 로버트 모리슨(Robert Morrison, 1782~1834)에게도 영향을 주었습니다. 또한, 개방적 브레드린은 북아프리카 선교회(North Africa Mission), 심해 어부들을 위한 왕립 선교회(Royal National Mission to Deep Sea Fishermen) 등이 설립될 때에도 영향을 주었습니다. 이처럼 브레드린은 세계선교사역의 곳곳에 영향을 미쳤습니다.

로우던은 초기 브레드린의 선교사들이 '믿음 원칙(faith principle)'이라는 삶의 원리를 가지고서 세계 선교에 대한 새로운 모델을 만들었다고 하였습니다. 그 선교사들에게는 믿음과 기도만이 재정적인 지원을 받을 수 있는 유일한 수단이었습니다.

이러한 모습을 보고 다비조차 주재의 하나님이 복음을 전하는 면에서 개방적 브레드린에게 많은 축복을 내리신다는 것을 인정하였습니다. 개방적 브레드린은 크게 성장했고 성실한 복음사역자들의 수고를 통해 많은 수의 사람들이 구원받았습니다. 수백 명의 사람이 그들을 구원하신 분을 위하여 모든 것을 버리고 타지로 떠났습니다.

이렇게 형제운동은 복음에 대한 열정과 순수한 헌신으로 전 세계로 뻗어 나갔습니다. 특별한 조직이나 제도적인 후원 없이도 선교지로 떠난 브레드린에 의하여 복음은 전 세계에서 증거 되었던 것입니다. 그러나 그들은 자신들의 활동에 대하여 통계 자료를 내거나 어떤 공적인 지원을 요청하지 않았기 때문에 기독교계에 알려지지 않았습니다. 라투렛은 브레드린이 19세기 초기에 과테말라, 온두라스, 베네수엘라, 인도, 인도차이나 지역에서 최고의 선교사 중 하나였다고 기술하였습니다.

먼저 개방적 브레드린의 해외 선교를 위한 후원 사역을 살펴보고자 합니다. 조지 뮐러는 해외 사역을 위하여 브리스톨에 성경지식협회를 세워서 세계 전역의 사역자들에게 재정적인 지원을 하였습니다. 북런던 지역의 교회들도 해외 사역에 협력하였는데, 헤크니교회의 소머(James van Sommer)는 1853년에 브레드린의 최초 선교잡지인 선교보고지(The Missionary Reporter)를 발간하였고, 헤크니와 토트넘의 교회들은 나중에 중국내지선교회의 주축을 형성하는 허드슨 테일러와 브룸홀(Benjamin Broomhall, 1829~1911)을 비롯한 여러 사람들과 교제하고 있었습니다. 나중에 국내 중국선교의 지도자가 되는 조지 피어스(George Pearse)와 윌리엄 버거(William Berger, 1815~1899)도 헤크니교회에 있었습니다.

다음으로 개방적 브레드린의 해외선교사역을 지역별로 살펴보고자 합니다. 다비가 개척한 불어권 스위스와 남부 프랑스는 분리 후에 다비를 따라갔으나 다비를 반대하였던 스위스와 독일의 여러 교회들도 있었습니다. 그들은 개방적 브레드린과 교류하면서 1830년대 후반에 몇몇 독일 선교사들이 그로브스를 따라 인도로 넘어갔습니다.

스페인은 앞서 말한 대로 1838년 이후 채프먼이 수차례 여행을 하면서 전도하였는데 1869년 이후에 영국의 선교사들이 합류하면서 발전하였습니다. 포르투갈에서는 1876년에 100개 이상의 교회들이 세워져서 당시의 개신교 중에서 가장 큰 세력을 가지기도

하였습니다.

한편, 이탈리아에서는 플로렌스(Florence) 출신의 백작인 귀차르디니(Count Guicciardini, 1808~1851)를 통하여 형제운동이 번져갔습니다. 그는 1851년에 복음주의자들에 대한 탄압으로 투옥되었다가 영국으로 추방되어서 그로브스를 비롯한 브레드린의 지도자들과 어울리게 되었습니다. 그리고 그에 앞서 정치적으로 영국에 망명해 있던 로세티(Theodoro Pietrocola Rossetti, 1825~1883)에게 복음을 전하여 로세티가 회심하게 되었습니다. 그들은 조지 뮬러, 채프먼, 파넬, 라드스톡(Lord Radstock, 1833~1913) 등을 만나며 오차드가 교회에서 브레드린과 교제하게 되었습니다.

로세티는 정치적인 여건이 좋아지자 다시 이탈리아로 돌아가서 청년들을 훈련시키면서 이탈리아 북부에 브레드린 교회를 세웠습니다. 그 후 이탈리아에서는 100년 동안 자생적인 운동이 계속 일어나서 제2차 세계대전 후 이탈리아 남부에 200여 개의 교회가 세워졌습니다.

이와 같이 형제운동이 퍼져나가면서 미국에는 1960년대에 600여 개, 캐나다에서는 300여 개의 교회가 세워졌습니다. 호주와 뉴질랜드에서도 형제운동이 활발하게 일어났는데, 특히 뉴질랜드에서는 영국보다 브레드린 교회의 비율이 높았습니다. 스웨덴에서는 소수의 교회가 세워졌지만 노르웨이에서는 스코틀랜드의 영향을 받아서 많은 교회들이 설립되었습니다.

동유럽에도 개방적 브레드린 순회전도자들에 의해 선교가 계속되었는데 폴란드, 체코슬로바키아, 유고슬라비아에서 일어난 자생적 운동과 함께 활발하게 성장하였습니다. 20세기 초 루마니아는 불어권 스위스에서 온 브레드린에 의해 세워진 수백 개의 브레드린 교회들이 있었다고 전해집니다.

라드스톡은 러시아와 동유럽의 귀족들에게 복음을 전하였는데 믿은 사람들 중에 독일 태생인 배데커(Friedrich Wilhelm Baedeker, 1823~1906)가 있습니다. 배데커는 1877년부터 러시아 전역을 여행하며 시베리아를 거쳐 사할린까지 가서 복음을 전하였습니다.

서인도제도의 형제운동은 성공회에서 안수 받고 영국령 기아나(British Guiana)에 선교사로 간 스트롱(Leonard Strong)에 의해 시작되었습니다. 그는 독자적으로 1826년에 이미 브레드린과 같은 원리로 예배드리고 있었습니다. 1840년부터는 영국 브레드린의 후원을 받은 선교사들이 파송되면서 형제운동에 합류하였습니다. 그들의 헌신적인 선교활동의 예로 코드는 존 미어(John Meyer)를 들고 있습니다.

「존 미어는 길도 없는 숲속을 다니며 원주민들에게 복음을 전하고, 거의 원시적인 방법으로 그들과 함께 살면서 극심한 고생을 감내하였

다. 선교 역사에서 믿음과 헌신, 그리고 자기희생에 있어 그와 그의 아
내와 같은 사람은 없었다. 죽을 때도 평소와 같이 숲 속 강가에서 그의
원주민 형제들에 둘러싸여 숨을 거두었다.」

이처럼 헌신적인 브레드린의 선교사들에 의하여 복음은 끊임없
이 퍼져나갔습니다. 그 결과 서인도제도에 있는 일부 섬의 교회들
은 규모와 활동에 있어서 세계 어느 곳에도 뒤지지 않을 만큼 성장
하였습니다.

한편, 남아메리카에서 형제운동이 가장 번성한 곳은 아르헨티
나입니다. 이완(J. H. L. Ewen)이 1882년에 그곳에 도착한 이후 토르
(W. C. K. Torre)와 윌 페인(Will Payne)이 1890년에 그의 뒤를 이었습
니다. 그 후에도 영어권의 선교사들이 계속 들어와서 거의 300여
개의 교회가 세워졌고, 브라질에도 200여 개의 교회가 세워졌습
니다. 에콰도르의 아우카 부족에게 접근하다가 순교한 짐 엘리엇
을 비롯한 5명의 순교자들은 널리 알려져 있습니다. 그들 중 3명이
브레드린에 속한 선교사였는데 이들의 순교는 당시 많은 젊은이
들에게 선교에의 도전이 되었습니다.

인도는 그로브스의 뒤를 이어 영국과 스위스에서 선교사들이
들어갔고 1870년부터는 인도 북동쪽에 있는 비하(Bihar) 지역에서
영국 브레드린 출신의 선교사들이 사역하기 시작하였습니다. 그

외에도 반스테플에서 파송된 윌리엄 보덴(William Bowden)과 조지 비어(George Beer)는 서부해안을 거쳐 고다베리 델타(Godaveri Delta)에서 큰 성과를 거두어 교회들이 세워졌고, 남쪽에도 교회들이 세워졌습니다. 인도에는 영국, 뉴질랜드, 호주, 캐나다, 미국 등지에서 선교사들이 들어왔고 파키스탄에는 독일 선교사들이 들어와서 다수의 교회가 세워졌습니다.

말레이시아에서는 1860년쯤 자생적인 교회들이 시작되었는데 영국 출신의 존 채프먼(John Chapman)을 필두로 하여 호주와 뉴질랜드 선교사들도 합류하였습니다. 싱가포르와 말레이시아의 주요 도시 대부분에 교회들이 세워지고, 학교사역과 의료사업도 하였습니다.

태국에는 1886년에 선교사들이 파송되었으나 2차 세계대전 이후에 성장하였습니다. 라오스에는 1902년에 스위스에서 파송된 선교사들이 들어갔는데, 이때 문이 열린 라오스나 프랑스령 인도차이나에 선교하러 갔던 작은 무리는 질병으로 요절하기도 하였습니다. 필리핀에는 1919년부터 미국에서 선교사들이 들어갔습니다.

코드는 해외 사역에서 가장 주목할 만한 곳을 아프리카라고 하였습니다. 런던에서 태어난 존 올리(John Remeses Olley, 1887~1956)

는 1917년에 뉴질랜드에서 회심한 후 브레드린과 연결되었습니다. 그는 1919년에 북아프리카 튀니지에서 아랍어를 독학으로 배우고 1926년부터 30년 동안 차드의 포트 라미(Fort Lamy)를 중심으로 나라 전역을 돌며 80여 개의 교회를 세웠습니다. 그 과정에서 신약성경을 두 지역 언어로 번역하였고, 의학을 독학하여 통신으로 미국 학위(Chicago medical school)를 취득하였습니다. 그러나 그는 의술을 복음의 창으로 사용한 적이 없었습니다. 복음은 그 자체가 영과 혼과 몸을 찔러 쪼개는 검이라고 믿었기 때문입니다.

올리는 "왜 결혼을 하지 않느냐?"는 질문에 "이런 어려운 일을 견딜 여자는 없다"고 답하였습니다. "왜 안식년에 쉬거나 휴가를 안 가느냐?"는 질문에는 "나는 겁쟁이다. 이 어렵고 힘든 나라를 떠나면 다시 돌아올 용기가 없다"고 하면서 선교지를 지켰습니다. 그러다가 첫 휴가를 얻어 뉴질랜드로 가는 도중 1956년에 시드니에서 세상을 떠났습니다. 그가 떠난 후에도 차드의 교회들은 계속 성장하였습니다.

브레드린의 선교활동은 중앙아프리카의 길고 좁은 지역에서도 활발하게 일어났습니다. 앙골라 해안에서부터 콩고, 잠비아, 짐바브웨, 모잠비크 지역에서 브레드린의 선교사들이 헌신했는데, 이것은 도착 후 몇 주 만에 병들거나 죽는 위험을 각오한 것이었습니다.

초기 개척자들 중 많은 선교사들이 질병과 고생으로 일찍 천국에 갔는데 브레드린은 이 지역을 '사랑받는 지대(the Beloved Strip)'라고 불렀습니다. 당시 이 지역으로의 부르심에 응한다는 것은 도착 후 몇 주만에 죽거나 병들 수도 있다는 의미였습니다.

아프리카의 이 죽음의 지대에서 선교한 위대한 개척자 중의 한 사람이었던 아르놋(Frederick Stanley Arnot, 1858~1914)은 브레드린 선교사입니다. F. F. 브루스는 아르놋이 1880년 경 카탕가(Katanga)에 최초로 하나님 나라에 관한 진리를 선포한 개척자라고 하였습니다. 1881년 아르놋은 23세 때부터 33년 동안 열병, 물 부족, 혹은 다른 위험들로 몇 번이나 죽을 뻔한 고생을 하면서 중앙아프리카의 알려지지 않은 방대한 지역을 구석구석 걸어 다니며 개척하였습니다. 이런 헌신이 밑거름이 되어 변화된 수백 개의 교회와 수천의 그리스도인들이 하나님의 축복을 증명하고 있습니다.

아르놋의 동역자요 계승자인 단 크로포드(Dan Crawford, 1869~1926)와 스완(C. A. Swan)도 그와 함께 한 선교사로 유명합니다. 단 크로포드는 학벌은 미천했지만 헬라어와 히브리어를 독학하였고, 성경을 루바어(Luba language)로 번역하기에 손색없는 언어학자였습니다. 그는 그야말로 폭넓게 독서했고 개구쟁이같은 유머감각이 뛰어난, 독특한 인물로 알려져 있습니다. 코드는 이런 선교사들의 영향으로 20세기 중반에 잠비아, 콩고, 앙골라, 짐

바브웨에 500여 개의 브레드린 교회들이 있었을 것이라고 추측합니다.

중국의 경우 앞에서 언급한 대로, 초기 브레드린은 허드슨 테일러와 중국내륙선교회(China Inland Mission)의 사역에 함께 하였습니다. 1885년에 브레드린의 첫 선교사가 장쑤성(江蘇省)으로 들어갔고, 1888년과 1898년 산둥성(山東省)과 만주국 지역에서 각각 사역이 시작되었는데, 의화단 사건이 일어났을 때 순교를 당하기도 하였습니다. 2차 세계대전 후에는 유럽과 미국에서 수많은 선교사들이 들어가서 중국 선교가 탄력을 받았으나 공산정권이 들어서면서 불길이 식어지게 되었습니다.

코드에 의하면 일본에서 브레드린 사역은 1888년 스미스(W. G. Smith)가 제국대학(Imperial University)의 영어 교수로 일할 때부터 시작되었다고 합니다. 1930년 즈음 선교사들이 처음으로 정착하기 시작하였고, 2차 세계대전 이후부터 점차 발전을 이루었습니다.

이와 같이 개방적 브레드린은 전 세계를 아우르는 많은 국가로 퍼져나갔는데, 선교사들의 희생적인 헌신과 함께 강력한 현지 지도자들의 노력이 뒤따랐기 때문이었습니다. 브레드린은 다양한 형태로 활기 있게 복음을 전파하며 생동감이 넘치는 복음의 증인으로서 역할을 계속 유지하였습니다. 그 결과 새로운 해외 모임들이 많이 생겨서 현지 교회로 자립하였고, 그 지역 교회들이 다시 선교활동에 가담하였습니다. 동시에 학교, 대학, 병원, 보육원 그리고 다른 자선 사역들이 시작되었습니다. 지금까지 그리스도인이 없었던 많은 지역이 기독교화 되도록 변화를 일으켰습니다. 그리하여 19세기 말에 브레드린의 교회가 전 세계의 거의 모든 나라에서 설립되었습니다.

로우던은 브레드린이 선교에 대해 탁월했던 이유로 5가지를 주목합니다.

첫째, 초기 브레드린은 당시 여러 교단으로 나뉘어진 개신교에 대한 대안으로, 선교가 분파를 넘어선 세계적인 복음화를 이룰 것이라고 기대하고 있었습니다.

둘째, 영국이 국제적인 세력을 넓히며 확장되어 갈 때 브레드린의 선교사들이 뒤따라 영국의 새 식민지에 들어갈 수 있었기 때문입니다.

셋째, 초기 브레드린의 교회들은 후원해야 할 전심 사역자들이 없었기 때문에 브레드린의 자원들이 해외 선교사들을 더 많이 지원할 수 있었습니다.

넷째, 초기 브레드린이 추구하던 대로 사역이 모두에게 열려 있었기 때문에 많은 수의 신자들이 쉽게 선교 사역에 참여할 수 있게 되었습니다.

다섯째, 많은 브레드린에서 여성들이 자신의 의사를 드러내는 지도자가 되는 것을 허락지 않아서 은사를 더 자유롭게 사용할 수 있는 해외선교사로서의 삶을 택했기 때문입니다.

이처럼 브레드린의 선교사들은 유럽뿐만 아니라 아메리카 대륙, 인도, 아프리카 및 중국 등 복음이 전해지지 않은 곳이라면 어디나 나갔고, 하나님의 은혜가 엄청난 능력으로 그들과 함께 하였습니다.[52] 그러므로 형제운동을 일부 지역에서 잠시 지나가는 운동으로 치부하는 것은 엄청난 오해입니다.

이 책에서는 브레드린 선교사들의 사역을 극히 일부만 소개할 수 있을 뿐입니다. 브레드린의 알려지지 않은 수많은 선교사들이 부르심을 받고 이름 없이 세계 선교에 헌신하였기 때문입니다. 19세기 초에 시작된 형제운동은 전 세계로 뻗어 나가는 운동이었으며 지금도 지속되고 있습니다.

※ "THE BRETHREN MOVEMENT WORLDWIDE(2015년)" 참조(http://ibcm.net)

유럽	아시아	북미	남미	아프리카	오세아니아
30개국 3,382개	26개국 3,774개	23개국 5,451개	12개국 3,196개	28개국 4,162개	8개국 958개

---

52) 바버에 의하면 한때 브레드린은 100명 중 1명이 장기 해외 선교사로 활동하는 것으로 여겨졌는데, 이러한 비율은 대부분의 다른 교파보다 훨씬 큰 것이었다.

3. 형제운동의 교리적 특성

브레드린의 교리를 살펴볼 때도 개방적 브레드린과 비개방적 브레드린을 따로 구분할 필요가 있습니다. 개방적 브레드린은 역사적 믿음의 신조에 대해 대부분 그 뜻을 같이하였습니다. 그런 점에서 모이어(E. S. Moyer)는 "교리적으로 브레드린은 성경의 모든 기본적인 교훈을 옹호하였다. 이들은 분명히 성경 중심적이었으며, 하나님 말씀의 친근한 학도들이었다"고 말하였습니다. 바버는 아래와 같이 설명합니다.

> 「최근의 개방적 브레드린이 덜 교조적이고 덜 엄격한 관점을 가지고, 더 진보적이고 보편적인 모습을 띠게 되었지만, 신학적으로 그들은 주류 그리스도인, 보수적 복음주의, 온건한 칼빈주의이며, 청교도적이고 개혁주의적이다.」

이것은 브레드린에 대한 신학적 관점을 잘 표현한다고 볼 수 있습니다. 베딩튼(David Beddington)은 영국의 복음주의에 대해 정의하기를 '18세기부터 성공회에 소속되었거나 분리되었거나 상관없이 회심주의(conversionism), 활동주의(activism), 성서주의(biblicism), 십자가중심주의(crucicentrism)를 따르는 그리스도인'이라고 하였습니다.

이러한 특징은 브레드린에서 잘 드러나고 있습니다. 그들은 삶에서 그리스도에 대한 개인적인 헌신을 통하여 변화되는 것이 필요하다고 믿었고(conversionism), 그 믿음을 행동으로 옮기려는 노력에 헌신하였고(activism), 성경의 교리들에 순종하기를 진정으로 추구하였고(biblicism), 그리고 죄인들을 구원하기 위하여 십자가에서 죽으신 그리스도의 주제로 끊임없이 돌아왔습니다(crucicentrism). 이처럼 브레드린은 성경의 모든 정신을 옹호하면서 순수한 복음주의적 성격을 가지고 있습니다.

(1) 신학적 특성

F. F. 브루스는 개방적 브레드린이 교회사에서 정통적으로 받아들여지는 교리를 그대로 믿고 있으므로 교리적인 면에서 다른 어떤 것을 가진 것은 아니라고 하였습니다.

「이들은 역사적인 기독교 신앙을 확고히 붙들고 있다. 그 이유는 종교개혁의 후예들이 그러하듯이 그들은 '신앙과 삶의 기반이 되는 절대무오한 성경'에서 교리와 믿음을 가르치고 있기 때문이다. 그들은 복음주의적인 기독교 교리를 받아들이며, 하나님의 아들이신 예수 그리스도를 타락한 인류의 유일한 구세주로 믿고 선포하고 있다.」

위의 글에서 볼 수 있는 것처럼 브레드린은 종교개혁자들과 마찬가지로 성경을 절대무오하다고 믿으면서 정통적인 교리를 그대로 믿고 있습니다. 그리고 모든 정통기독교회와 마찬가지로 "기독교의 참된 교리는 오직 성경에서만 찾을 수 있다"는 신념을 가지고 있습니다. 뿐만 아니라 그들은 영적으로 전 세계 그리스도인들에게 영향을 미쳤습니다. 아이언사이드는 "하나님을 아는 사람들은 알든 모르든, 직접적이든 간접적이든 브레드린의 도움을 받지 않은 사람이 없다"고 하였습니다.

그러나 브레드린의 교리적인 독특성은 세대주의(世代主義, Dispensationalism)적인 성격을 지니고 있다는 점입니다.

❶ 세대주의의 이해

세대주의는 일종의 성경해석 체계로 하나님께서 세계를 통치하실 때에 현저하게 다른 세대가 있다는 것입니다. 세대주의의 기원에 대해서는 논란이 있지만 세대주의의 신학적 체계가 세워지고 전파된 것은 19세기 후반의 다비에 의해서라고 알려져 있습니다.

세대주의의 중요한 특징은 성경을 문자적으로 해석함으로써, 그 결과 이스라엘과 교회를 구분하여 별도의 운명체로 보는 것입니다. 이러한 구분은 교회가 환난을 받지 않고 휴거될 것이라는 해석을 낳습니다. 19세기 초에는 전천년설에 대한 관심이 널리 퍼져 있었는데 이것이 다비의 세대주의적 가르침이 큰 성과를 거두게 된 배경입니다. 로버트 쉰(Robert W. Shinn)은 1833년에서 1897년까지 영국복음주의자들 사이에서 세대주의적 전천년설이 우세하였다고 지적하였습니다.

다비는 1862년부터 1877년 사이 7회에 걸쳐 캐나다와 미국을 방문하면서 세대주의 신학을 북미에 전파하였습니다. 그의 신학은 교파와 상관없이 미국 교회, 특히 칼빈주의적 배경을 지닌 많은 목사와 평신도들로부터 호응을 얻었습니다. 복음주의 부흥사로 잘 알려진 무디(Dwight L. Moody)도 그 중 한 명이었습니다. 세대주의가 보급되면서 점차 다른 교파에서도 받아들여졌는데, 샌딘(Sandeen)은 "많은 성직자가 플리머스 브레드린의 허락도 없이 다비의 세대주의를 받아들였다"[53]고 하였습니다.

다비를 이어 세대주의 전천년설의 보급에 중요한 역할을 한 인물은 댈러스의 한 회중교회의 목사인 스코필드(C. I. Scofield, 1843~1921)입니다. 1909년에 그가 출판한 '스코필드 주석성경(The Scofield Reference Bible)'이 천만 부 이상 팔리면서 세대주의가 확산되었습니다. 스코필드는 이 책에서 '세대란 인간이 하나님의 뜻이 담긴 어떤 독특한 계시에 대한 순종과 관련하여 시험을 받는 일정한 기간', 즉 "세대는 '하나님이 주도하시는 변화에 따라 인류를 다루는 데 사용하시는 다른 기간'이다"라고 하였습니다.

스코필드는 다비의 사상을 발전시켜 구체적으로 일곱 세대로 나누었는데, 그것은 무죄시대, 양심시대, 인간 통치시대, 약속시

---

53) 세대주의 신학은 스코필드 관주성경과 댈러스 신학교, 무디 성서학원을 통해서 보급되었는데, 한국 초창기 선교사들에 의하여 한국 교회에까지 전해져 왔다. 당시 장로교 선교사인 게일(James S. Gale)은 세대주의자인 블랙스톤(William Eugene Blackstone)의 '예수의 재림(Jesus is coming)'을, 베어드(William M. Baird)는 브룩스(James H.Brooks)의 '주재림론(Till He Come)'을 각각 한국어로 번역하였다. 또 평양신학교를 발족한 스왈렌(W. L. Swallen)도 세대주의적인 입장에서 '다니엘서'를 저술하였다. 그 결과 한국 초기교회에 세대주의적 종말론이 가르쳐졌고, 한국 기독교계에 오랫동안 큰 영향을 미쳐왔다.

대, 율법시대, 은혜시대, 그리고 미래의 천년왕국시대입니다. 이 일곱 세대는 각각 시험, 실패, 심판이 반복됩니다. 즉, 일곱 세대는 인간이 각각의 세대에서 주어진 시험에 실패하여 마침내 하나님의 의로운 심판이 내려지는 결과로 마감됩니다. 다비는 구체적으로 일곱 세대로 나누지 않았지만 스코필드가 세운 체계는 다비로부터 온 것으로 알려져 있습니다.[54]

❷ 다비의 세대주의적 교회론

다비는 "교회는 파멸되었다(Church in ruins)"고 선언하면서 현재의 교회를 부정하는 자신의 세대주의적 교회론을 주장하였습니다. 왜냐하면, 앞에서 설명한 대로 각 세대는 인간의 실패로 마감된다고 볼 때 기존의 교회도 책임을 다하지 못하고 실패로 끝났기 때문입니다. 다비는 그리스도께서 세우신 교회 본래의 순결성이 인간이 만든 방법과 제도 때문에 부패하였다고 보았습니다. 모든 신자에게 주어진 보편적인 제사장직을 직업적인 성직제도가 빼앗아 간 것입니다. 그 결과 인위적인 성직자의 권위로 인해 교회 안에 온갖 종류의 문제와 불신앙, 그리고 사악함이 붙어 돌아다니게 되었다고 하였습니다.

---

54) 스코필드는 다비의 저서에 대하여 끊임없이 감탄하고 배우는 학생이었다고 한다. 그러나 찰스 라이리 (Charles C. Ryrie)는 이것이 정확한 사실이 아니라고 주장한다. 그는 스코필드가 다비가 아니라 찬송 시 작가인 아이작 왓츠(Isaac Watts 1674~1748)의 체계를 모방했다고 하였다.

다비가 볼 때 기존 교회는 성경의 진리보다 인위적인 의식이나 규례를 지키기 때문에 하나님께서 교회를 세우신 목적에서 이탈하여 회복이 불가능하다는 것입니다. 이와 같이 다비는 교회가 인간적인 제도와 조직으로 완전히 파멸되었다고 선언하였습니다. 그러므로 다비는 '악으로부터의 분리'를 주장하며 기존 교회에서 분리되어 나와야 한다고 하였습니다.

다비의 교회사역은 본질적으로 기독교 교파에 상관없이 모두에게 자신의 교회론을 따르도록 설득하는 것이었습니다. 다비는 이미 파멸된 교회가 회복이 불가능하다고 생각했기 때문에 해결책은 악과의 분리를 통하여 하나님의 뜻을 신실하게 유지하는 다비계열의 브레드린을 따르는 것이라고 믿었습니다. 따라서 이거에 의하면, 다비에게 진정한 교회란 진정한 교회의 일원이 될 수 있는 자격을 심사할 권위를 가진 다비계열 브레드린의 집합체였습니다. 이처럼 다비의 세대주의는 기존 교회에서 나와서 새로운 회중을 형성해야한다는 철저한 분리주의적 교회론이었습니다.

❸ 개방적 브레드린의 세대주의

초기 개방적 브레드린의 지도자들인 그로브스, 조지 뮐러, 채프먼도 세대주의적 이해를 받아들였습니다. 예를 들어, 조지 뮐러는 계시록을 문자 그대로 해석하는 세대주의적인 성경 이해를 하고 있었습니다. 그로브스는 현재의 교회가 세속적으로 된 것은 구약시대의 유대인이 세속적이었던 것이 세대적으로 변화된 것이라고 보았습니다. 개방적 브레드린의 지도자들이 세대주의적인 성경해석을 수용하기는 했으나 교회에 대한 이해에서는 다비와 완전히 달랐습니다. 그렇기 때문에 이거는 다비의 분리주의는 단지 다비와 그의 추종자들의 견해일 뿐이라고 하였던 것입니다.

「초기 개방적 브레드린은 현재의 세대에서 회복과 부흥의 희망을 배제하지 않았다. 비록 현재의 세대가 타락하였다고 믿었지만, 그로브스, 조지 뮐러, 크레이크 그리고 채프먼은 교회가 부흥하여 현재의 죄 많고 부패한 환경에도 축복의 시기를 가져올 것이라는 데 긍정적이었다.」

위의 글에서 보듯이 개방적 브레드린의 지도자들은 '파멸된 교회'가 회복될 수 없다는 다비의 주장과는 달리 기존 교회의 부흥을 기대하였습니다. 그러므로 그들은 다비처럼 그리스도인들이 자신이 속한 교회로부터 나와야 한다는 분리주의적인 태도를 보이지 않았습니다. 오히려 초기 개방적 브레드린은 전 세계적으로 교회가 연합하며 공통된 목적으로 함께 일하기 위해서 다양한 기독교 교파를 요구한다고 믿었습니다. 이처럼 형제운동에서 다비와 개방적 지도자들 간에 세대주의가 다르게 이해되고 적용되고 있다는 점에서 분명한 차이점을 발견할 수 있습니다.

그럼에도 불구하고 세대주의적 종말론은 개방적 브레드린과 비개방적 브레드린 모두에게 선교에 대한 열정을 불어넣었습니다.

그들은 이러한 종말론의 영향으로 곧 다가올 그리스도의 재림을 믿었기 때문에 복음이 전해지지 않은 곳에 선교하기 위하여 헌신하였습니다. 그로브스는 신랑이 오기 전에 그리스도의 증거가 온 땅에 공포되기를 고대하였습니다. 그리스도의 임박한 재림에 대한 소망이 이교도들에게 복음을 전해야 한다는 사명으로 표현되었고, 이는 그리스도의 재림을 맞이하는 태도라고 하였습니다. 이처럼 그리스도의 재림에 대한 믿음을 확고하게 하였기 때문에 브레드린뿐 아니라 이 종말론이 퍼져나가는 곳마다 선교의 열정이 함께 퍼져나갔습니다.

(2) 실행적 특성

브레드린을 특징짓는 요인은 F. F. 브루스가 말한 것처럼 교리적인 것보다는 실행적인(practical) 면이 더 크다고 해야 할 것입니다. 초기 브레드린은 이러한 교회적인 관행(ecclesiastical practices)을 결정하기 위하여 신약성경을 문자적으로 읽고 적용하며 성경을 연구하였습니다. 그로브스는 사도들의 관례를 따르기 위해서 성경의 권위를 인정하고 성경에 나타난 대로 순종하려고 하였습니다. 조지 뮐러와 크레이크도 교회의 규범을 알아내기 위하여 성경을 연구하였습니다. 즉, 초기 브레드린은 기존 교회의 제도화된 규범이나 전통보다는 성경에서 원리를 찾으려고 하였습니다.

그러한 자세로 그들이 성경에서 찾아낸 원리에 따라 교회를 세

있는데, 쇼트(A. R. Short)는 초기 개방적 브레드린을 구분하는 공통된 특징으로 네 가지를 언급하였습니다. 그것은 믿는 신자의 침례, 매주 순서가 짜여있지 않은 성찬식(unstructured communion), 임명직 목사의 부재, 그리고 모든 믿는 성도에게 개방된 성찬식입니다.[55] 형제운동의 역사를 살펴보면 실행적인 면에서 브레드린의 두드러진 점으로 침례와 성찬식, 비성직자주의와 연합의 원리를 손꼽을 수 있습니다.

❶ 브레드린의 침례

첫 번째로, 개방적 브레드린에게 있어 침례란 구원의 본질이 아니라 신자로서 믿음을 표현하는 것입니다. 반면에 다비는 자신이 이전에 속했던 성공회의 전통 그대로 유아세례의 형식을 계속 이어갔습니다. 그는 유아세례를 신성한 제도라고 여기고 유아세례를 받은 자는 다시 침례를 받을 필요가 없다고 주장하였습니다. 다비는 아기가 성숙하게 되었을 때 중생이 일어날 것이라는 믿음으로 주는 유아세례는 아기를 하나님께 드리는 정상적인 절차라고 말하였습니다. 다비뿐 아니라 당시에는 일반적으로 유아세례만 받아도 그리스도인이 되기에 충분하다고 인식했습니다. 여기에 대항하기 위하여 초기 개방적 브레드린은 직접 침수(浸水)에 의한

---

55) F. F. 브루스는 쇼트의 목록 중에 두 번째와 네 번째의 특징을 합쳐서 세 가지 특징으로 줄였다. 렉스는 초기 개방적 브레드린에서 발견되는 세 가지 공통적인 특징으로, 관용성, 성찬의 중요성, 그리고 비성직자주의를 들고 있다.

침례를 받음으로써 그들의 믿음을 표현하였습니다.

두 번째로, 브레드린에게 있어서 침례는 믿음을 가진 신자에게 주는 것이었습니다. 깁스(Alfred Gibbs)는 "침례는 믿는 것을 조건으로 하고, 그 믿음은 복음을 이해하도록 들음으로 말미암아 온다. 이것은 확실히 팔에 안긴 힘없는 아기에게는 해당될 수 없다"고 주장하였습니다.

윌리엄 맥도날드도 "신약에서 오순절 이후에는 주 예수 안에 있는 성도 외에 침례를 받은 사람이 없다"고 하면서, '저희가 믿고 다 침례를 받으니(행 8:12)'에서 유아세례를 지지하는 근거를 찾을 수 없다고 해석하였습니다. 온 가족이 침례를 받았다는 말씀이 기록되어 있다고 해서 주 예수를 믿지 않는 어린 아이까지도 침례를 받았으리라고 추측할 수는 없다는 것입니다.

이처럼 브레드린에게 침례는 이를 통하여 구원을 받는 것이 아니라 믿는 신자가 순종의 표현으로 나타내는 것으로 보았습니다. 따라서 개인이 믿음을 가지기 전에 유아로서 받은 세례는 인정하지 않았습니다. 크레이크는 "침례에 의한 구원은 성경과 모순된다"는 것을 분명히 하였습니다. 이처럼 개방적 브레드린은 자신이 신자라는 것을 인식한 사람이 침례를 받는다고 하여 당시 침례교와 같은 입장이었습니다.

세 번째로, 초기 개방적 브레드린에게 침례 여부는 교회의 구성원이 되거나 한 떡에 참여하는 데 있어서 제한사항이 아니었습니다. 조지 뮐러와 크레이크는 처음에 브리스톨에서 침례를 주었는데, 1837년에 신앙심이 깊은 3명의 여성이 침례를 받지 않고 이 교회에 가입하기를 원하였습니다. 브로드벤트에 의하면, 교회의 몇몇 사람들이 침례를 받지 않은 신자들의 가입을 거부하자 이 문제를 반스테플의 채프먼에게 조언을 구하였습니다.

「성령에 비추어볼 때 그들이 침례를 받지 않았다고 해서 반드시 그들이 규모 없이 행한다는 것은 아니다. 따라서 침례를 받은 신자와 침례를 받지 않은 신자가 서로 성령 안에서 소중한 교통을 할 수 있다. 우리는 그리스도께서 받아들인 모든 사람을(롬15:7) 그들이 도달한 믿음과 지식의 정도에 상관없이 모두 받아들여야 한다.」

위와 같은 채프먼의 조언을 따라 브리스톨의 교회는 침례와 상관없이 교회 구성원의 자격을 개방하였습니다. 침례가 구원의 본질이 아니므로 예수 그리스도를 믿는다고 고백한 모든 사람은 침례를 받지 않아도 교회의 회원으로 영접해야 한다는 입장을 세웠습니다. 그러나 오늘날 한국의 브레드린은 침례를 통하여 교회의 구성원으로 받아들이고 있습니다.

❷ 브레드린의 성찬식
브레드린을 구별하게 하는 특징 중 가장 두드러지는 것은 매 주

일에 실행하는 성찬식입니다. 그러나 브레드린의 성찬식은 일반적인 교회의 절차와 다른 방식으로 진행됩니다.

브레드린의 성찬식에서 발견되는 독특성은 첫 번째로, 성찬식은 브레드린의 영적 교제의 중심으로 그들의 모임에서 가장 중요하게 여겨진다는 것입니다. 웨스트(West)는 "예배와 성찬식의 관계가 너무 강한 나머지 성찬식과 예배는 거의 동의어처럼 사용되었다"고 하였습니다. 따라서 그들이 매 주일 모일 때마다 성찬식이 예배의 중심이 되었습니다.

두 번째 특징은, 브레드린의 성찬식은 안수 받은 성직자 없이 실행된다는 것입니다. 에드워드 그로브스(Edward K. Groves)는 "떡과 잔에 감사를 드리고 이를 분배하는 자는 가족을 섬기는 연장자로서 행하는 것이지 축복을 나눠주는 성직자로서가 아니다"라고 하였습니다. 그는 브레드린이 고린도전서 10장 17절을 근거로 성찬식을 집행하는 데 있어 모든 사람이 평등하다는 생각을 가지고 있다고 하였습니다.

세 번째 특징은, 짜여진 규칙과 계획에 의하지 않고 성령의 인도하심에 의지하면서 진행되는 자유로운 열린 예배방식이라는 점입니다. 성직자가 주관하지 않기 때문에 성도들이 감동하는 대로 자발적으로 감사와 헌신의 기도를 하면서 참여합니다. 이처럼 성찬식은 성령의 감동과 인도하심을 따라 찬송을 선택하거나 기도하도록 모든 남성 신자들에게 개방되어 있습니다. 그래서 남성 신자들은 자유롭게 그리스도의 죽으심과 대속사역에 대한 감사의 기도와 찬송에 참여할 수 있습니다.[56]

이러한 브레드린의 성찬식은 누군가에 의한 직접적인 통제는 없으나 오랜 전통에 따라 자연스럽게 진행됩니다. 이것이 쇼트가 말하는 계획되지 않은, 순서가 짜이지 않은 성찬식의 의미입니다. 특히 다비계열의 브레드린은 장로를 인정하지 않기 때문에 성찬식에서 전적으로 성령이 이끄는 예배를 주장하면서 어떠한 인위적인 제한이 없이 성령의 인도하심을 받는 예배가 되도록 하였습니다. 만약 성령께서 누군가가 말하도록 인도하지 않으신다면 기꺼이 침묵을 유지하려 하였습니다.

이에 비해 개방적 브레드린은 장로나 감독자에 의해 인도되는 체계화된 분위기에서 진행되었습니다. 여기에 대하여 그로브스는 조지 뮐러나 크레이크와 같은 입장으로 다음과 같이 말하였습니다.

「나는 규칙이 제정되어 있지 않은 교회에는 절대 가입하지 않을 것이다. 자기 생각에 옳다고 여기는 것을 행하고 그것을 성령의 명령이라

---

56) 브레드린에서는 남성 리더십을 강조하고 있다. 공식적인 강단의 설교나 기도뿐 아니라 성찬식에서의 진행에서도 남성 신자들이 주도적으로 참여하고, 디모데전서 2장 11~12절에 따라 여성 신자들에게는 잠잠할 것을 요구한다. 또한 고린도전서 11장 10절에 따라 여성 신자들에게는 머리에 너울을 쓰도록 권한다.

부르는 착각을 확실히, 그리고 충분히 보았다.」

이처럼 다비계열의 비개방적 브레드린이 어떤 준비나 체계 없이 전적으로 성령에 맡기는 예배를 드릴 때 범하는 오류를 보았기 때문에 개방적 브레드린에서는 성찬식을 실행하기 위하여 더 체계적으로 접근하기를 원하였습니다. 이러한 원리는 성찬식뿐 아니라 브레드린의 교회 운영 전반에 적용되어집니다. 그래서 조지 뮬러와 크레이크는 다비와 달리 성령이 이끄는 예배를 고려함에도 불구하고 보다 더 체계화된 방식으로 실행하였습니다.

네 번째 특징으로, 초기의 개방적 브레드린은 교파와 관계없이 그리스도에 대한 믿음을 고백하고 성찬식에 참여하고 싶어 하는 모든 사람들을 환영하였습니다. 엠블리는 "브레드린은 성찬식을 개방하여 다른 복음주의 기독교인들을 그들의 매 주일 성찬식에 기꺼이 받아들였다"고 하였습니다. 만약 낯선 사람이 개방적 브레드린 교회에 들어와 성찬식에 참여할 것을 청한다면 장로 중 한 사람이 그가 그리스도에 대하여 바른 신앙을 가지고 있는지를 확인합니다. 그래서 그가 올바른 신앙고백을 한다면 우주적 교회의 일부로 받아들여지고 성찬식에 참여하도록 허락받게 됩니다.

❸ 브레드린의 비성직자주의
브레드린은 안수 받은 성직자 없이 성찬식과 침례식을 행하였

습니다.

　초기 개방적 브레드린이 회중을 관장하는 성직자를 거절하였던 이유로 첫 번째는, 교파에 따라 분리되지 않고 연합하기를 원하였기 때문입니다. 형제운동의 창설자들은 분리된 교회의 상태에 깊은 관심을 가졌습니다. 그들은 단순한 성찬식이 교파와 관계없이 그리스도인들을 위한 친교의 방편이 되기를 원하였습니다. 즉 그러한 예배는 모든 신자가 제사장이라는 것을 나타내주었으며, 그래서 성직자 계급이 필요하지 않는 것입니다.

　이처럼 브레드린은 특정 교단에 속한 성직자 없이 한 떡에 참여함으로써 교파를 넘어서 그리스도인의 친교와 연합을 이루고자 하였습니다. 따라서 조지 뮐러와 크레이크는 그들의 교회에서 그들이 유일한 성직자라는 인상을 주지 않기 위하여 상당한 주의를 기울였습니다. 조지 뮐러와 크레이크는 자신들이 교회에서 다른 사람들보다 우위에 있다는 인상을 줄이고자 하였고, 자신들만이 설교와 목회적 돌봄을 할 수 있다는 생각을 하지 않도록 하였습니다.

　두 번째 이유는, 개방적 브레드린은 성경을 연구하면서 성직자의 사도적 계승을 지지하는 어떤 성경적 근거도 없다고 여겼기 때문입니다. 오히려 그들은 인위적인 제도와 전통에서 오는 권위나 자격이 아니라 성령에 의하여 주어지는 영적 은사를 더 소중히 여겼습니다. 이런 면에서 그들은 신약 성경을 문자적으로 읽고 사도

시대에 실행된 교회의 원리를 그대로 적용하기를 원하였습니다.

세 번째로, 그들은 계급 구조를 만드는 성직자를 거부하면서 만인제사장의 원리를 실현하고자 하였습니다. 이것은 그리스도인으로서 모든 남성 신자는 성찬식을 집행할 수 있고, 말씀을 전할 권리를 가졌다는 것을 의미하였습니다. 그러므로 성령의 은사를 받고 사용하도록 하나님의 부르심을 받은 모든 그리스도인은 교회에서 사역자로서 참여하도록 허용되었습니다.

이러한 비성직자주의는 19세기 초반 영국 성직자들의 무기력함과 타락상과도 관련이 있습니다. 당시의 성직자들은 평신도보다 높은 위치에 서서 평신도의 참여를 막으면서 열정이나 감격이 있는 예배를 차단하였습니다. 그래서 사람들은 브레드린 안에서 마음껏 예배에 참여하고 그들의 은사를 발휘할 수 있다고 여겼습니다.

네 번째로, 개방적 브레드린에서는 성직자가 없는 대신에 장로들을 통하여 교회가 운영되었습니다. 1838년에 다비의 가르침에 따라 교회 내 장로제도와 같은 모든 형식적 통치 기구를 없애는 경향이 생겼습니다. 그러자 조지 뮐러와 크레이크는 2주 동안 휴가를 받아 교회의 운영에 대하여 기도하면서 성경을 연구하였습니다. 그리고 그 결과 장로제와 치리에 대하여 분명하고 깊은 확신을 가지고 돌아왔습니다. 그들은 교회에 장로가 세워지는 것이 하나님의 뜻이라고 분별하였습니다.

초기 개방적 브레드린의 지도자들은 일인의 감독제도가 아니라 복수의 장로제도를 통한 치리의 원리를 적용하였습니다. 브레드린에서는 한 사람의 성직자에 의한 일인 목회가 아니라, 복수의 장로들에 의하여 영적인 필요가 공급되고 교회의 질서를 유지하는 것이 성경에서 말하는 방법이라고 여겼습니다. 초기 브레드린은 행 14:20, 빌 1:1, 딛 1:5의 말씀이 복수 장로제도를 지지한다고 생각하였습니다. 그들이 성경을 연구해볼 때, 바울에 의하여 설립된 많은 초대교회에서 복수의 장로들이 주된 지도자들이었습니다.

개방적 브레드린에서 장로의 일은 개신교 교회에서 목사가 하는 일과 같습니다. 장로들은 하나님의 말씀을 가르치거나 설교하는 것을 통하여 성도들을 인도하고 양육합니다. 또한, 어려운 상황에서 도움이 되는 보살핌을 주면서 위로하고, 삶의 문제들에 대하여 조언하며 치료합니다. 이러한 장로들은 브레드린에서 선거로 선출되지 않고, 기존 장로들이 새로운 장로들에게 함께 할 것을 요청함으로써 장로가 되었습니다.

이에 비하여 다비는 사도 시대에는 장로를 세울 수 있었으나 교회가 파멸되었기 때문에 장로의 임명은 인간적인 행위에 불과하다고 하였습니다. 비개방적 브레드린에서는 다비의 이러한 신념이 받아들여져서 성령의 비범한 통솔력에만 완전히 의지하고 장로를 세우지 않았습니다.

반면에 모든 지역 교회 위에 권위를 가진 한 사람의 뛰어난 지도자가 있어야 한다고 믿었습니다. 이것은 교회가 대감독의 권위에 위임되어야 한다는 다비의 고교회적인 성향을 보여 주는 것이라고 할 수 있습니다. 형제운동에 대한 후세 논평가들은 실제적으로 다비는 언제나 고교회파였고, 세기 후반에는 종종 비개방적 브레드린과 고교회파 운동 사이에 유사점이 도출된다는 점에 동의하고 있습니다.

다섯 번째로, 브레드린은 목회사역에 부름 받은 사역자 자체를 거부한 것은 아니었습니다. 초기 개방적 브레드린의 지도자였던 그로브스는 성경에 일치하는 원리를 따르는 성직 임명을 반대하지는 않았습니다.

「나는 하나님께서 목회사역으로 부르신 사람들은 전적으로 그 사명에 자신을 헌신해야 한다는 데 대하여 아무런 이의를 제기하지 않는다. … 인정된 목사들과 교사들은 교회의 규모와 질서를 위하여 필수적인 존재이다. … 그러한 사역자들을 불필요하다거나 비성경적이라는 이유로 거부하는 사람들과는 개인적으로 절대 연합해서는 안된다고 생각한다.」

이처럼 그로브스는 교회에서 목사와 교사 자체를 부인하지 않고 오히려 인정하였습니다. 비록 평신도와 다른 대우를 받는 성직자로서의 목사와 교사는 거부했지만 교회의 사역을 위한 목사와 교사는 인정하였습니다. 다만 그로브스는 하나님의 말씀의 범위를 넘어서서 특별한 권위를 주장하는 것을 부정하였던 것입니다. F. F. 브루스는 오늘날 일부 브레드린에서는 '목사'라는 칭호를 대외적으로 사용하는데, 그것은 성직자 개념의 목사를 의미하는 것이 아니라고 말합니다. 이것은 그로브스의 견해와 같이 은사적인 면에서의 역할과 지역 교회의 대표를 뜻합니다.

❹ 브레드린의 연합의 원리

초기 브레드린의 지도자들은 성경의 교회는 하나라고 믿었기 때문에 형제운동은 교파적 소속이나 사회적 계급과 상관없이 다른 그리스도인들과 진정한 연합을 추구하고자 하였습니다. 19세기 초반에는 국교도와 비국교도 사이의 장벽이 높았고, 비국교도 내에서도 서로 교류가 되지 않았습니다. 그래서 당시에 국교회로부터 분리되어 나온 교회들도 연합을 주장하였지만, 그들은 장로교, 침례교, 웨슬리파 등으로 나누어져 있었습니다.

브레드린은 이렇게 교파가 존재하는 것이 기독교인들이 연합하지 못한 증거라고 보았습니다. 개방적 브레드린은 자신들이 발견한 신약의 가르침을 충실하게 이행하면서도 그리스도를 믿는 다른 기독교 교파들과 전(全) 기독교적인 연합을 추구하였습니다. 그래서 형제운동은 이런 장벽을 넘어 자유롭게 교제하기 위하여 시작하였던 것입니다. 특히, 이것은 형제운동의 원리를 처음으로 제안한 그로브스에 의하여 강조되었습니다. 그로브스가 침례를 받았을 때 그가 침례교도인지 묻자 다음과 같이 분명히 밝혔습니다.

「나는 침례교도들이 그리스도를 따르는 태도에서는 그들의 모든 것을 받아들이기를 원한다. 다만 나로서는 한 파당에 속함으로써 나 스스로 다른 이들로부터 분리되는 것을 원하지 않는다.」

이처럼 그로브스는 한 분파에 속하기를 거부하였는데, 그와 같은 이유는 모든 교파를 초월하여 그리스도인들이 단순하게 하나가 되는 연합의 원리를 이루기 위하여서였습니다. 이러한 모습은 그로브스가 성직 임명을 거절한 이유에서도 잘 나타납니다.

「나는 아직 나의 사역의 자유가 그리스도 한 분에게서만 온다고는 보지 않는다. 그래서 성직 임명은 필요하다고 본다. 그러나 하나의 분파주의자로 만들어진다는 생각은 증오한다.」

위의 글에서 보듯이 그로브스가 성직 임명을 거부한 이유도 앞서 밝힌 대로 그리스도인은 한 분파에 매이는 것이 아니라 연합해야 한다는 신념 때문이었습니다. 그로브스는 선교를 위해 인도로 간 것도 이러한 목적을 이루기 위한 것이라고 하였습니다. 그는 "그곳에서 모든 선교단체와 더불어 진심으로 더욱 연합하자는 것으로써, 다시 말해서 모든 차이점에도 불구하고 우리는 그리스도

안에서 하나라는 … 것이다"라고 하였습니다.

그로브스는 인도에서 모든 교파를 초월해서 연합하는 뜻을 이루기를 원하였습니다. 기독교 국가가 아닌 인도와 같은 지역이라면 진실 되게 믿는 사람들이 교파의 차이를 극복할 수 있으리라 생각했습니다. 성경의 가르침대로 사랑으로 교회의 본질적인 연합이 실현되길 기대한 것입니다. 이처럼 그로브스는 그리스도 안에서의 진정한 연합을 간절히 추구하였습니다.

이것은 다비가 주장하는 '악으로부터의 분리'를 통한 연합과는 완전히 다른 것입니다.[57] 그러나 시간이 흐르면서 개방적 브레드린도 비개방적 브레드린의 영향을 받아서 초기의 연합의 원리는 점점 흐려지게 되었고, 지금은 자신들의 교제권 안에만 머물려고 하는 경향이 있습니다.

(3) 경건적 특성

형제운동은 초기 지도자들의 경건성으로 유명하였습니다. 그 첫 번째로, 성경 연구에 대한 열정을 들 수 있습니다. 19세기 이후 인간의 이성을 중시하는 합리주의의 영향으로 하나님의 계시가

---

57) 다비에게 교파주의는 '하나님의 성령을 대적하는 것'이었다. 왜냐하면 교파주의가 성령의 교통과 은혜의 샘물을 마르게 하기 때문이다. 다비계열의 브레드린은 다른 기독교 교파 모두를 배교자로 보고 하나님의 은혜 아래 있지 않다고 이해하였다. 그들은 오직 다비의 가르침과 권위 아래에 있는 지역 교회만이 진정으로 하나님께 속해 있다고 믿었다. 따라서 연합에 대해 신자 개개인은 다른 교파를 배척하고, 거기로부터 분리되어 나와서 오직 다비의 가르침만을 따르는 것이라고 분별하였다.

거부되는 분위기가 형성되었습니다. 진화론은 창조주를 부인하게 하였고, 성경에 대한 고등비평은 성경을 문학작품으로 전락시키는 신학을 만들어냈습니다.[58]

이런 상황에서 로우던은 성경을 상세하게 해설(exposition)하는 것은 초기 브레드린에서 가장 눈에 띄는 점이었다고 합니다. 그들은 함께 성경을 연구하기 위해 '성경읽기 모임'이라는 이름으로 매주 개개인의 집에서 모였습니다. 성경을 연구하면서 지도자들이 가르친 많은 교훈은 복사되어 배포되었고, 후에 문서로 발행되었습니다. 그래서 형제운동의 출발은 '떡을 떼는 것'이 아니라 오히려 '성경 읽기'였다고 하였습니다. 이에 대해 로버트 쉰은 다음과 같이 말하였습니다.

「오늘날의 기독교인들은 브레드린이 성경을 자세히 연구하는데 얼마나 철저히 헌신하였는지를 이해하기 어려울 것이다. 그들에게 성경은 최상의 책이었다. 그들에게는 성경에 필적할 만한 책이 없었으며 그들은 다른 책을 읽을 필요도 느끼지 않았다.」

위의 글에서 알 수 있듯이 브레드린에 속한 사람들은 성경을 최

---

58) 형제운동이 성경을 최고의 권위와 기준으로 삼고 하나님의 말씀으로 적용한 것은 당시의 자유주의 신학과 완전히 대비된다. 형제운동이 시작된 19세기는 쉴라이에르마허(Schleiermacher, 1768~1834), 리츨(Albrecht Ritschl, 1822~1889) 등 자유주의 신학자들이 영향을 미치는 시기였고, 20세기에 들어서면서 하르낙(Adolf von Harnack, 1851~1930), 벨하우젠(Julius Wellhausen, 1844~1918) 등이 뒤를 잇고 있었다. 특히 1859년에는 찰스 다윈(Charles Robert Darwin, 1809~1882)의 '종의 기원'이 발표되고 진화론이 고개를 들면서 성경의 권위를 거부하는 분위기가 형성되고 있었다.

고의 권위로 여기고 성경 연구에 힘을 쏟았습니다. 그 결과 비록 일반적인 신학교육을 받지 않은 사람이라 할지라도 브레드린에 속한 사람은 성경에 대한 깊은 지식을 가지고 있습니다. 조지 뮐러는 "하나님의 말씀은 영적인 일에서 우리의 유일한 판단의 기준이다"라고 하였습니다. 그래서 그는 다른 책과 주석들은 옆에 제쳐 놓고 단순히 하나님의 말씀을 읽고 연구하였습니다.[59]

이처럼 초기 개방적 브레드린은 성경만으로 충분하다고 여겼으며 성경을 가장 중요하게 생각하고 성경 읽기에 몰두하였습니다. 조지 뮐러는 그의 평생에 백 번도 넘게 성경 전체를 정독하였다고 하였습니다. 채프먼은 정오가 되기 전까지 매일 7시간씩 성경을 읽고 묵상하였습니다. 그들은 당시 근대 합리주의의 영향을 받지 않고 성경을 깊이 공부하는 학도들로서 성경을 가장 소중하게 여기고 모든 삶의 지침으로 삼았습니다.

그러한 모습으로 인하여 그리피스(William H. Griffith Thomas, 1861~1924)는 "브레드린은 성경의 진리를 가장 바르게 해석한 사람이었다"고 하였습니다. 브레드린은 많은 시간을 성경 읽기에 몰두하고 성경을 연구하였기 때문에 이와 같은 평가를 받게 된 것입니

---

59) 브레드린은 성경의 연구와 해석에 관심을 쏟았다. 그래서 위그램은 신약의 헬라어, 구약의 히브리어와 아람어의 영어용어색인(G. V. Wigram's Englishman's Concordance to the Greek and Hebrew)을 편찬하는 일에 재정을 지원하였다. 다비, 그로브스, 크레이크, 해리스, 채프먼, 그리고 트레겔레스는 헬라어, 히브리어에 전문가들이었다.

다. 또한, 브레드린이 이처럼 성경에 힘을 쏟은 것은 그들이 당시의 고등비평을 거부하고 축자적 영감(verbal inspiration)을 받아들이고, 성경에 대한 절대적 권위를 인정하였기 때문입니다. 그래서 브레드린은 성경 중심의 영성(Bible-oriented spirituality)으로 성경을 해석하고, 그렇게 살아가고자 하였습니다.

이처럼 브레드린은 성경의 권위를 존중하였기 때문에 문자적 해석(literal hermeneutic)을 시도하였는데, 다비는 주로 성취되지 않은 예언에 적용하였습니다. 반면에 개방적 브레드린은 교회의 권위를 전통에 두는 것에 대항하고, 사도시대의 교회를 구현하기 위하여 자신들의 교회적 관행을 결정하기 위하여 성경을 연구하였습니다.

형제운동의 초기 지도자들의 경건성에서 나타나는 두 번째 특징은 '믿음으로 공급받는 삶'을 살았다는 것입니다. 그로브스는 처음 바그다드에서, 그리고 후에는 인도에서 선교하기 위하여 치과의사로서의 삶을 포기하였습니다. 모든 소유를 팔아서 가난한 사람들에게 주는 것이 자신의 책 '그리스도인의 헌신, 우리의 구원자의 가르침에 대한 보답, 너 자신을 위하여 이 땅에 세상의 보물을 쌓지 말라(Christian Devotedness, or The Consideration of Our Saviour's Precept, Lay not up for Yourselves Treasures upon Earth)'에서 그가 가르친 원칙들을 실천하는 것이라고 믿었습니다. 바그다드에서 사역을 할 때 무일푼으로 살았던 그로브스는 선교협회에서 받는 재정적인 안정에 의존하는 것이 아니라는 것을 현지인들에게 몸소 보이며 가르쳤습니다.

조지 뮐러는 1830년에 그로브스의 누이와 결혼하였는데, 그녀도 남편의 뜻을 따라 성경에 나타난 대로 순종하기를 원하였습니다. 그래서 그들은 정기적인 사례를 거절하고 주님만을 신뢰하며 살아갔습니다. 또한 그들은 '네 소유를 팔아 가난한 자들에게 주라'는 말씀대로 주님의 계명에 문자적으로 순종하였습니다. 그들은 가정과 사역에 있어서 오직 주님만 의지하고 믿음으로 살아갔습니다.

조지 뮐러는 그의 전기에서 필요를 채우시는 하나님을 향한 믿음의 중요성에 대해 말하고 있습니다. 그에게 믿음은 실망스러운 환경에도 불구하고 하나님과 그분의 섭리를 신뢰하는 헌신이었습니다. 하지만 믿음의 삶을 사는 것은 끈기 있는 인내를 필요로 하였습니다.

「오랫동안 응답이 없거나, 우리의 기도에 대한 응답을 전혀 받지 못했다 할지라도 우리는 믿음으로 동행한다. 그리고 하나님의 마음을 따르는 담대함을 가지고, 계속해서 주 예수 그리스도의 이름으로 구하는 우리의 기도에 대한 응답을 기대한다. 우리는 우리를 도우시는 하나님의 능력과 의지에 대한 믿음을 가진다.」

이와 같이 조지 뮐러는 하나님을 섬기는 그리스도인들은 자신들이 받은 은혜와 은사의 분량에 따라 믿음으로 살아야만 한다고 믿었습니다.

그런가 하면 채프먼도 자신이 소유한 모든 것을 처분하고 자신의 매일 매일의 필요를 위하여 하나님께 끊임없이 구하며 항상 의지하는 삶을 살아갔습니다. 그리고 자신에게 꼭 필요한 것 이외의 것들은 다른 이들에게 나누어 주었습니다.

그러나 기도와 믿음의 원칙을 세우고 따랐으나 이러한 원칙을 다른 사람들에게 지시하거나 법으로 강요하지는 않았습니다. 조지 랑(George Lang)은 그로브스가 선교사에게 정기적인 급여를 주기를 원하였다는 구절을 인용하면서, 그로브스가 선교사들이 정기적인 재정적 도움을 받는 것을 싫어하지 않았다는 것을 입증합니다. 이에 대하여 이거도 "그들은 개개인 선교사들이 정기적인 수입을 받을 수 없다고 강요하지 않았다"고 하였습니다.

이처럼 초기 지도자들은 믿음의 삶을 통하여 본을 보였고 실제적인 적용은 사람마다 다르다는 다양성을 인정하였습니다. 그런 점에서 조지 뮐러도 보육원에서 직원들에게 정기적인 급여를 지급하였습니다. 그는 직원들에게 정기적인 급여를 주는 것이 성경에 기초를 둔 것이라고 말하였습니다.

세 번째로, 형제운동의 경건성은 초기 지도자들의 이타적인 삶에서 드러납니다. 그리스도를 향한 헌신이 그들을 움직이는 동기였습니다. 코드는 그들의 경건한 삶을 다음과 같이 평가하였습니다.

「비록 비판적인 사람들이 그들의 가르침과 관행에는 의문을 가질 수 있을지도 모른다. 그러나 타인을 위하여 자신의 것을 모두 내어준 그들의 희생적인 삶은 아무도 부인할 수 없다.」

이처럼 브레드린의 교회가 일반적인 교회와 다른 특징을 보여서 비판할 수는 있을지 몰라도 실제적인 삶에서는 아무도 그들을 따라갈 수 없었습니다. 특별히 개방적 브레드린의 초기 지도자들에게서 그런 모습을 볼 수 있습니다. 그로브스는 누가복음 18장 22-30절과 마가복음 10장 17-26절을 "그리스도인들은 자신들의 부를 포기해야만 하고 하나님께 직접적으로 의지하는 삶을 살아야 한다"라고 문자적으로 해석하고, 그대로 믿었습니다.

그로브스는 일찍이 자신이 소유한 모든 것이 주님으로부터 왔다는 것을 깨닫고 돈을 모으거나 재산을 자녀에게 물려주는 것을 포기하고, 가능한 검소하게 살면서 헌금하였습니다. 수입의 1/10을 가난한 사람들에게 나누어 주다가 나중에는 1/4을, 결국에는 당장 필요하지 않은 수입을 모두 나누어 주었습니다. 최소한의 금액으로 생활하고, 조금도 남김없이 1,500프랑 가량 되는 수입의 거의 전부를 헌금하였습니다. 이처럼 그는 자신의 부유함을 포기하였고 자신의 모든 소유를 팔고 동시에 수입 대부분을 가난한 사람들에게 나누어 주었습니다.

이러한 삶의 원칙은 1825년에 그가 출판한 '그리스도인의 헌신, 우리의 구원자의 가르침에 대한 보답, 너 자신을 위하여 이 땅에 세상의 보물을 쌓지 말라'에 잘 나타나 있습니다. 이 책에서 그로브스는 모든 소유물은 주님을 섬기는 데 직접 사용되어야 한다고 주장하였습니다.

채프먼도 변호사로서 보장된 세상 직업을 포기하였을 뿐 아니라 자신의 모든 재산을 기부하였습니다. 그는 자신이 누릴 수 있는 모든 부유함을 거절하고 작은 집에서 사람들을 접대하며 살았습니다. 베넷(Bennet)은 채프먼에 대하여 "그는 무엇을 소유하든지 모두 기부하였고 무엇을 얻게 되든지 주님을 위하여 사용하였다. 그래서 그의 집은 언제나 많은 방문객으로 가득하였고, 그는 자신의 집에서 그들을 섬기고 헌신하며 모임을 이끌었다"고 하였습니다.

한 번은 어느 그리스도인 친구가 채프먼의 외투가 낡아 해어진 것을 보고 채프먼에게 새 옷을 선물해 주었습니다. 그러나 그 옷을 선물한 사람은 채프먼이 그 옷을 입고 다니는 것을 보지 못하였습니다. 채프먼은 그 옷마저도 가난한 사람에게 주었던 것입니다. 채프먼을 당혹스럽게 했던 것은 사람들이 이것을 매우 이상한 일로 생각했다는 점입니다. 채프먼의 전기 작가인 프랭크 홈즈(Frank Holmes)는 채프먼에 대하여 다음과 같이 기록하였습니다.

「거룩한 삶과 중후한 인격, 자기 희생적인 삶 등 그에 필적할만한 사람은 없을 것이다. 그러면서도 채프먼은 어린아이처럼 단순하고 겸손하였다. … 그는 실로 영적인 거인이었다. 그의 공적인 명성에는 한 치라도 육신적인 고소가 끼어들 여지가 절대로 없다.」

이와 같이 헌신적 삶은 형제운동의 지도자들에게 나타나는 공통점이었습니다. 이러한 인격과 삶이 형제운동을 전 세계로 퍼지게 한 능력의 근원이었습니다.

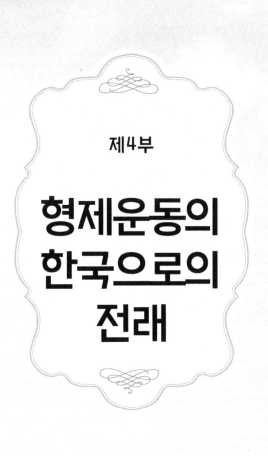

제4부

형제운동의 한국으로의 전래

제4부

형제운동의
한국으로의 전래

한국의 브레드린이 역사적인 면에서 19세기 형제운동의 정통성을 잇고 있다는 것을 보여주기 위하여 내한 선교사들을 중심으로 형제운동의 한국으로의 전래과정을 살펴보고자 합니다. 왜냐하면 한국의 브레드린은 자생적으로 생긴 것이 아니라 해외의 브레드린에서 파송된 선교사들에 의하여 세워졌기 때문입니다. 또 한국의 브레드린이 지금도 해외의 브레드린과 지속적인 교류를 하고 있다는 점에서도 이 사실을 알 수 있습니다.

한국에서의 형제운동은 1959년에 회심한 젊은이들을 중심으로 시작되었다고 볼 수 있습니다.[60] 1958년을 전후하여 부평에 있는 미군교회(ASCOM Chaple) 병사들에게 회심의 역사가 크게 일어나고 있었습니다. 미군 병사들의 신앙이 그곳에 영어를 배우러 갔던 한국의 젊은이들에게 전해지고, 그들이 브레드린의 선교사들과 연결되면서 한국에서의 형제운동이 시작되었습니다.

특히 1960년에 미국에서 입국한 매카피(Wilbur Thompson McAfee) 선교사와 1962년 영국에서 건너온 제임스(Edwin Arthur James) 선교사는 한국에 형제운동을 전파하고 브레드린을 세우는 데 지대한 영향을 미쳤습니다. 그리고 1966년에 한국엠마오성경학교의 통신강좌를 위하여 파송된 워런 던햄(Warren Dunham) 부부, 찰스 화이저(Charles Fizer) 부부, 윌리엄 롤러(William Roller) 등이 합류하면서 발전하였습니다. 그 외에도 해외의 여러 나라에서 브레드린의 선교사들이 한국의 형제운동을 위하여 한국으로 들어왔습니다.

---

60) 한국의 초창기 브레드린의 역사에 대하여는 자료가 빈약하고 기억도 충분하지 못하며, 같은 사건을 보는 시각에 따라 차이가 있다. 한국의 브레드린은 2014년부터 한국에서의 형제운동에 대한 역사를 정리하고 자료화하기 위한 준비를 하고 있다. 필자는 객관적 정보를 위하여 열린문 선교지에 올라온 기사와 '우리 중에 이루어진 사실(양진효 저)'에 이미 기록된 자료를 인용하였음을 밝혀 둔다.

1. 한국 형제운동의 선교사

한국에서의 형제운동에 지대한 영향을 미친 선교사들 중에서 매카피 선교사와 제임스 선교사를 대표적으로 살펴보고, 그 외의 여러 선교사들의 선교사역을 정리하고자 합니다.

(1) 윌버 매카피(Wilbur Thompson McAfee, 1917~2009) 선교사

양진효는 "외국 선교사들의 사역은 1960년 매카피 선교사에 의하여 경남 거창에서 시작되었다"고 하면서 매카피 선교사를 한국에 파송된 최초의 브레드린 선교사로 소개하였습니다. 매카피 선교사는 1917년 미국 캔자스(Kansas) 주의 가아넷(Garnet)에서 출생하여 30대에 은퇴하고도 평생 살 수 있을 만큼 사업에 성공하였습니다. 그러나 37세에 회심을 경험하고, 6·25 전쟁 이후 황폐한 가운데 살아가는 가난한 한국의 영혼들을 위하여 한국으로 건너왔습니다.

매카피 선교사는 1960년 4월, 처음에는 홀트 아동 복지재단과 거창고등학교 신축 감리사로서 한국에 오게 되었습니다. 한국에서의 복음전파에 대한 필요성이 미국에 전해지자 1960년 10월에 미국 클레어몬트(Claremont)교회와 콜로라도 스프링스(Colorado Springs)교회가 그를 한국 선교사로 천거하였습니다. 매카피 선교사의 한국에서의 사역을 사회복지사역, 교육과 의료사역, 복음선교사역의 세 분야로 나누어 살펴보고자 합니다.

먼저 한국 선교를 위한 매카피의 사회복지사역을 소개하면, 그는 직접 농장을 운영하면서 한국 농촌 계몽에 이바지하였습니다. 당시 시골 농촌은 매우 낙후되어 있었는데, 흑돼지만 키우던 농가에 백돼지를 도입하고 보급하여서 농촌 수입을 올리게 하였습니다. 그뿐 아니라 젖소를 들여와서 축산 사업에도 앞장섰습니다. 또 토양검정을 하는 기계를 구입하여 농촌 사람들에게 도움을 주었고, 이에 당시 경남 도지사가 직접 찾아와서 격려하기도 하였습니다.

매카피는 1963년에 경기도 평택군 진위면 사후동으로 이주한 후에 토양검정을 하면서 기름진 토양을 만들고, 완전 배합사료를 사용하도록 하였습니다. 또한 가난한 한국 사람들의 질병 퇴치를 위하여 미국으로부터 약품을 원조 받아 오산 및 남사 일원에 무료로 나누어 주는 의료사역을 하였습니다. 또 농부들에게 무이자 대출을 하는가 하면 남사 인근의 불우한 학생 20여 명의 학자금을 지원하였고, 가난한 결핵 환자들을 수용하여 의료지원을 하는 등 한국 농촌을 위하여 많은 일을 하였습니다.

한편 교육사역을 살펴보면, 1967년에 경기도 용인군에 있던 당시 남사고등공민학교를 인수받았습니다. 이후 문교부로부터 정식

교육기관인 남사중학교를 설립하여 초대 이사장으로 봉사하였습니다. 또한, 의료 봉사를 위하여 1972년에 경기도 화성군 오산읍에 오산기독병원을 설립하였습니다. 그리고 기독교 세계의료봉사회로부터 의료기 자재와 많은 의료품을 지원받아 의료선교활동을 활발하게 하였으며, 그 결과 많은 일자리도 창출하였습니다.

1974년에는 사후동에 무료요양소를 개설하여 결핵 환자들과 지체장애인들을 수용하고 치료하는 의료봉사를 함으로써 많은 사람으로부터 찬사를 받았습니다. 이러한 헌신의 결과 1977년 당시 박정희 대통령으로부터 국민훈장 동백장을 받으면서 한국 사회에 그리스도의 사랑을 몸소 실천하는 선교사로 알려지게 되었습니다. 이 소문을 듣고 몰려오는 결핵 환자들에게 신선한 우유를 공급하기 위하여 가축사료를 만드는 작업을 하다가 손가락 두 개가 절단되기도 하였습니다.

다음으로 매카피의 복음선교사역을 살펴보면, 그가 거창에 있을 때 운영하던 농장에서 회심한 청년들이 성경을 공부하고 있었습니다. 1961년에 12명이 경상남도 거창 장팔리에 교회를 세웠는데, 후에 이들이 여러 지역으로 나가서 교회를 세웠습니다.

매카피 선교사는 1963년 경기도 평택으로 이주한 후에는 사후동에 선교학교를 개설하여 젊은이들에게 성경을 가르치고, 그들에게 농촌운동과 선교사명을 일깨워서 여러 지역으로 파송하였습니다. 이 선교학교에서 1기생 7명, 2기생 9명, 3기생 9명을 비롯하여 5기까지 훈련이 이어졌습니다. 당시에 학생들은 가난한 시골에서 올라와서 학비나 생활비를 조달할 수 없었기 때문에 목장에서 직접 일을 하면서 성경을 공부하였고, 인근 지역에 일주일씩 전도하면서 실제적인 선교훈련을 받았습니다. 그리하여 이들을 통해서 한국의 여러 지역에 브레드린 교회가 설립되었습니다.

또한, 매카피 선교사는 1965년 미국으로부터 한국 엠마오성경통신학교를 인가받아서 문서선교사역을 시작하였습니다. 1968년에는 미국의 선교기관인 CMML(Christian Missions In Many Lands, Inc.)의 후원과 지원으로 한국정부 보건사회부 회원단체 한국기독교 선교부를 승인받아 의료선교활동을 하였습니다. 이렇게 한국선교를 위하여 20년을 헌신한 매카피 선교사는 결국 건강이 악화되어 1979년에 귀국하였습니다.

매카피 선교사는 1980년에 잠시 한국에 들렀으나 다시 귀국한 후 의사로부터 절대 한국으로 돌아가지 말라는 경고를 받았습니다. 귀국 후에 그는 아이오와(Iowa) 주에서 어린이전도협회(CEF, Children Evangelim Fellowship)의 책임자로 제안 받아서 일하다가 건강문제로 애리조나(Arizona) 주로 가서 성경학교에서 강의하기도 하였습니다. 이처럼 매카피 선교사는 전쟁 후 가난하고 살기 힘든 한국에 복음을 전하고자 건너와서 젊음을 바치고, 평생을 복음을 위하여 살다가 2009년에 생애를 마감하였습니다.

(2) 에드윈 제임스(Edwin Arthur James, 1912~1988) 선교사

에드윈 제임스 선교사는 1912년에 호주에서 출생하여 1920년에 부모를 따라 영국 웨일스의 뉴포트(Newport)로 이주하였습니다. 10세에 회심하고 아프리카의 선교 수기 '야만인들 한 가운데서(In the Heart of Savagedom)'를 읽고 선교의 꿈을 가지게 되었습니다. 1942년에 결혼하였으나 상처하고, 웨일즈 북부의 뱅고시(Bangor City)에 있는 센트럴홀(Central Hall)교회에서 신앙생활을 하다가 1962년 5월 50세의 늦은 나이에 일본을 거쳐 부산에 상륙하였습니다. 제임스 선교사는 그곳에 마중 나온 매카피 선교사를 만났고, 매카피 선교사가 거주하던 거창에서 잠시 머물다가 8월에 서울로 올라갔습니다.

제임스 선교사의 선교사역은 서울에서 시작됩니다. 당시 서울에는 부평의 미군부대에서 회심한 청년들이 서울에 있는 돈의동의 성서강당에서 기독동신회와 함께 모이고 있었습니다. 1959년 3월을 전후하여 회심하고 부평과 서울에서 모임을 갖고 있었는데 부평의 미군 육군 중사인 윌리엄 칵스웰(William Coxwell)의 소개로 기독동신회와 연결되었습니다. 제임스 선교사도 처음에 여기에 합류하였으나 그곳에 순수한 복음이 없는 것을 발견하고 1962년 10월부터 장충동에서 따로 모이기 시작하였습니다. 이것이 서울에 세워진 첫 번째 브레드린 교회인 노량진교회의 전신이며 시작이었습니다.

제임스 선교사는 1960년대 중반부터 1973년까지 대형천막과 조립식 의자를 자신이 직접 설계하여 만들어서 트럭에 싣고 다니면서 순회집회를 하였습니다. 천막을 설치할 장소만 있으면 상도동을 비롯하여 삼양동, 영등포, 구로동, 불광동, 용두동, 신촌, 그리고 광명시 등 경기도 일원과 충청도에까지 가서 천막집회를 열었습니다. 그 결과로 여러 지역에 교회가 세워졌습니다. 또한 브레드린 출신이 전도하여 복음이 전해지는 곳이면 영남지역과 호남지역에 내려올뿐만 아니라 제주도까지 순회하면서 전국의 교회들을 튼튼하게 세웠습니다.

또한 제임스 선교사는 진실로 한국인을 사랑하는 훌륭한 인품을 가진 사람이었습니다. 박준형에 의하면, 그는 성도를 만나면 남녀노소를 막론하고 두 손으로 상대방의 손을 잡고 만면의 웃음으로 인사를 하였습니다. 제임스 선교사가 사는 셋집은 한국 성도의 숙소로, 교제의 장소로 사용되었고 때로는 어려운 성도들의 피난처가 되기도 하였습니다. 어떤 사람이 찾아오든지 반갑게 맞이해주고 식사와 잠자리를 제공하였습니다.

「그 집에는 전국 각지에서 오는 손님이 끊이질 않았다. 집 안에 들어서면 제임스는 자기가 신고 있던 슬리퍼라도 벗어 신겨 주었다. 그 집을 떠나 돌아갈 때에는 추운 겨울 날씨에도 도보로 10여 분 거리나 되는 언덕길을 걸어서 버스 종점까지 데려다 주었다. 이렇게 그는 한국 성도들에게 백인이며 외국인 선교사라는 인상보다는 따뜻하고 자상한 아버지, 또는 할아버지였으며, 다정한 형님이었다.」

위의 글에서 알 수 있듯이 제임스 선교사의 한국인 사랑과 겸손은 한국 성도에게 특별한 인상으로 남아있습니다. 말년에 몸이 쇠약해졌을 때도 문병온 성도들을 위하여 병상에서 누워 자다가도 일어나서 평상시와 다름없이 반갑게 맞이하였습니다. 그는 한국 사람들이 겪는 고통에 함께 하기 위하여 1970년대에 발 디딜 틈이 없이 복잡한 일반버스를 타고 다녔습니다. 이처럼 한국인과 동고 동락하였던 그의 인품이 당시의 한국인들에게 큰 감화를 주었습니다.

그러나 제임스 선교사는 선교 초기에 모교회로부터 후원을 받지 못하여 몹시 궁핍하게 생활하였습니다. 영국에서 생활할 때 성경의 문자적인 의미에 순종하여 '두 벌의 옷'과 '두 켤레의 신'을 가지지 않았습니다. 그뿐만 아니라 저축에 의지하지 않고, 주위의 어려운 사람들을 돕고 성도를 섬기는 데 아낌없이 사용했기 때문에 모아둔 재물이 없었습니다.

그런 상황에서 선교사로 헌신하였는데 모교회로부터 나이나 자질 면에서 인정받지 못했기 때문에 정기적인 후원을 받을 수 없었습니다. 따라서 한국에 와서 소금물에 식빵을 적셔 먹으면서 전쟁의 상처가 아물지 않은 채 찌든 가난에 허덕이는 한국인을 도왔던 것입니다. 박준형은 제임스 선교사의 사역이 성공하였던 이유를 다음과 같이 말하였습니다.

「그가 마음으로부터 한국 사람과 한국 성도들을 사랑하였기 때문이다. … 그 위인이 겸손하고 온유하며 인자한 성품을 지녔기 때문이다. … 물질의 공급이 넉넉하지 않았기 때문에 한국인 동역자들과 성도들에게 돈 때문에 시험을 주거나 받을 필요가 없었다. … 합당한 한국인 동역자를 만났기 때문이다.」

위의 글에서 제임스 선교사가 한국에서 어떻게 선교활동을 하였는지 잘 알 수 있습니다. 그의 삶과 인품이 한국에서의 형제운동의 초기 지도자들에게 감동을 주었고 한국에서의 형제운동을 성공적으로 이끌었던 것입니다. 제임스 선교사는 1988년 1월에 25년 동안의 한국 선교를 마치고 한국 땅에 묻혔습니다.

(3) 그 외의 선교사들

한국에서의 형제운동이 활발히 진행되자 세계 곳곳에서 많은 선교사들이 한국에 들어와서 협력하였습니다. 그들 중에 몇몇 선교사들을 살펴보고자 합니다.

1965년에 월버트 컥(Wilbert Kirk)이 북아일랜드의 센트럴힐(Central Hill)교회의 천거로 제임스 선교사와 동역하기 위하여 왔습니다. 그는 연세학당에서 한국어를 바르게 배워서 정확한 발음으로 말씀을 전하였다고 합니다. 또한 기쁨이 넘치는 얼굴로 한국 성도들을 격려하며, 특히 병원에 있는 환자들을 찾아가서 위로를 주었습니다.

매카피 선교사가 엠마오성경학교 통신강좌의 한국 책임자가 되어 운영할 때 이를 돕기 위하여 1966년 5월경에 워런 던함(Warren Dunham) 부부, 찰스 화이자(Charles Fizer) 부부, 그리고 윌리엄 롤러(William Roller), 이렇게 세 가정이 미국에서 왔습니다. 그 후 캐나다에서 스튜어트 미첼(Stewart Mitchell)이 와서 이 사역에 함께 했는데, 그는 매카피 선교사의 딸인 린다(Linda)와 결혼하였습니다.

1966년 11월에 네이스웬더(Douglas Neiswender, 이수원)가 29세 미혼의 청년으로 한국에 왔습니다. 그는 회심 후 선교사역에 대한 관심을 가지고 로스앤젤레스 성경학교(현, Biola University의 전신)에서 공부하고 네비게이토 센터에서 해군을 대상으로 사역하기도 하였습니다. 오레곤(Oregon) 주의 포틀랜드(Portland)에 있는 멀트노마(Multnomah) 성경학교를 마치고 브레드린과 함께 하다가 한국으로 오게 되었습니다. 그는 한국인과 결혼하고 지금까지 한국 선교를 위하여 헌신하고 있습니다.

이 외에도 주한미군 소령으로 은퇴한 존 훼리스(John Ferris)가 선교하기 위하여 한국에 왔고, 북아일랜드의 웨스 바(Wes Bar) 부부는 인천에서 교회를 세우는 일을 도왔습니다. 미국의 월트(Walt) 부부, 영국의 존 폭스(John Fox) 부부, 북아일랜드의 존 앤더슨(John Anderson) 부부 등이 서울에 왔습니다. 또 영국의 샤클리(Joyce Shackley), 독일의 요한나 말프리히트(Johanna MalPricht), 빌리 스티븐슨(Billy Stevenson) 부부 등이 왔습니다.

그들은 순회사역을 통하여 복음을 전하고 당시의 한국인 지도자들을 격려함으로써 한국에서의 형제운동에 힘을 불어넣었습니다. 뿐만 아니라 한국 선교를 위하여 한국인 아이들을 입양하기도 하였습니다. 이 선교사들은 한국에 사는 동안에 재정문제, 자녀교육문제, 건강문제, 심지어 도둑과 사기꾼 등으로 시련을 겪었으나 한국의 복음화를 위하여 많은 기여를 하고 돌아갔습니다.

또 캐나다의 존 거브란트(John Gerbrandt)는 매카피 선교사의 사역을 돕기 위하여 한국에 와서 한국인과 결혼하였고, 미국의 케네디(Kennedy)도 잠시 한국에서 매카피 선교사와 동역하였습니다. 1978년에 에드가 쿤지(Edgar Coonge)가 매카피 선교사의 초청으로 한국에 와서 한국기독교 선교부에서 건축하던 수양관을 완성하는 일을 돕고, 경기도를 비롯한 전국의 교회를 순회하며 사역하다가 1990년 경에 미국으로 돌아갔습니다.

지금까지 살펴본 바와 같이 한국에서의 형제운동은 한국에서 자생적으로 일어난 것이 아니라 기독교회사에서 검증된 복음주의 운동이 선교사들에 의하여 전파된 것입니다. 비록 세계 여러 나라에서 파송되어 왔지만, 그들은 19세기 초에 시작된 형제운동에 근거한 공통된 신학을 가지고 있었기에 자연스럽게 동역할 수 있었습니다. 특히 양진효에 의하면, 매카피 선교사와 제임스 선교사의 동역은 1980년대 초까지 한국 전역에 형제운동이 확산되는데 크게 이바지하였습니다.

「매카피 선교사는 사후동에서 선교사역을 하면서 젊은 청년들을 가르쳐서 전국으로 내보내 전도하게 하고, 제임스는 그런 전도자들의 전도 지역을 순회하면서 교회의 진리를 가르쳤다. 이렇게 두 사람의 동역으로 한국 지역에 영적 부흥이 일어나고 복음이 전해지는 일이 1970년대와 1980년대 초까지 계속되었다.」

이처럼 두 선교사의 협력이 한국에서의 형제운동을 성공적으로 이끌었습니다. 앞에서 소개한 선교사들 외에도 세계 여러 나라에 있는 브레드린의 지원으로 한국에 브레드린 교회가 세워지게 되었습니다.

2. 한국 형제운동의 전개

한국에서의 브레드린 교회는 지방에서는 1961년 경상남도 거창 장팔리에서, 서울에서는 1962년 장충동에서 첫 모임이 시작되었습니다. 이 장에서는 한국에서 형제운동을 통하여 세워진 교회들을 지역별로 살펴보고, 교단적 배경 없이도 한국에서 형제운동이 자리를 잡게 된 요인들에 대해 살펴보고자 합니다.

(1) 한국 형제운동의 지역적 발생 상황

한국에서 형제운동이 발생한 지역을 간단하게 나타내면 다음과 같습니다.

지역	교회
서울	노량진교회, 서대문교회, 은평교회 등 38개 교회
경기	부평교회, 무의도교회, 수부교회, 유평교회, 외암교회 등 65개 교회
강원	강릉교회, 사천진리교회 등 12개 교회
충청	염티교회, 부여내산교회, 청주교회 등 27개 교회
영남	선산연수교회, 선산교회, 구미교회 등 45개 교회
호남	진도백동교회, 김제대촌교회, 비금도교회 등 43개 교회
제주	남문교회 등 3개 교회

먼저 서울을 살펴보면, 돈의동의 기독동신회에서 분리되어 나온 후 1962년 10월 첫 주일에 장충동 제임스의 셋집에서 첫 번째

모임이 시작되었습니다. 이 모임이 노량진교회의 전신으로, 1964년 4월에 약 25명이 노량진의 삼중의원 2층에 모이면서 비로소 안정이 되었고 정착하게 되었습니다.

1971년에 서대문구 아현동에서 던함, 롤라, 화이자 선교사들과 한국 성도들이 아현교회를 개척하였는데, 이 교회가 서울에서의 두 번째 교회로 지금의 서대문교회입니다. 1973년에는 서울에서 세 번째로 불광동에 교회를 개척하여 지금의 은평교회가 되었습니다. 연이어 구로, 신림동 등 38개의 교회가 세워졌습니다.

경기지역을 보면, 1961년에 선한사마리아원(보육원)에서 모이던 모임이 부평교회가 되었고, 같은 해에 회심한 무의도의 청년을 중심으로 무의도교회가 세워졌습니다. 그리고 선교의 터전을 닦기 위하여 사후동에 매카피 선교사의 목장이 들어서면서 1965년에 인근 지역에 복음이 전해졌습니다.

평택시 청북면 수부마을에 복음이 전해져서 수부교회가 세워졌습니다. 용인시는 매카피 선교사의 사후동 목장과 가까워서 복음을 들은 사람들이 유평교회를 세웠습니다. 또 용인시 남사면 외암에도 1965년에 복음이 전해진 후 1968년에 매카피 선교사의 선교학교에서 훈련받은 2기생들을 통하여 교회의 기초가 놓였고, 월버트 컥 선교사가 상주하면서 성장하였습니다. 오산에서는 매카피 선교사가 설립한 오산기독병원의 지하실에서 1971년에 첫 예배를 드리면서 교회가 시작되었습니다. 1972년에 훼리스와 웨스 바

선교사가 인천에서 전도집회를 하면서 무의도 출신의 성도들과 함께 인천교회를 세웠습니다. 그 후에 인천과 경기지역에 65개의 교회가 세워졌습니다.

강원지역은 1968년부터 강릉과 사천진리에서 복음이 전해지기 시작해서 12개의 교회가 세워졌습니다.

충청지역은 1965년 노량진교회에서 아산시의 농촌 마을인 염티마을에 전도하기 시작하여 1966년부터 예배를 드리며 교회가 시작되었습니다. 부여 내산에도 1964년에 노량진교회에서 회심한 성도를 통하여 복음이 전해졌고 제임스가 영적인 지원을 하여 1967년부터 교회의 모습을 갖추기 시작하였습니다. 청주는 1972년부터 복음이 전해져서 교회가 세워졌고, 대전은 1967년부터 성도들이 있었는데 우여곡절을 겪으면서 1979년에 교회가 세워지게 되었습니다. 그후 대전과 충청지역에 27개의 교회가 세워졌습니다.

영남지역에서는 여러 지역에서 동시 다발적으로 교회들이 세워졌습니다. 앞서 살펴본 대로 최초의 교회는 1961년에 매카피 선교사에 의하여 거창에 세워진 교회로, 지금도 그곳에서 예배를 드리고 있습니다. 1960년대 초반에 대구에서 활동한 초교파적인 선교사의 영향으로 영남 지역 여러 곳에서 매주 성찬식을 하는 모임이 시작되었습니다.

그러나 1970년대 후반부터는 브레드린과 다른 길을 가게 되어 교제가 단절된 부류가 생겼습니다. 이들 중에 소위 구원파의 무리가 있는데 그들이 자신들의 교리를 정립하기 전까지는 브레드린과 일시적으로 교류가 있었습니다. 그 후로 구원파와 브레드린이 교리적으로 명확하게 다르다는 것이 드러나면서 완전히 분리되었고, 더 이상의 교류가 없습니다. 그러므로 브레드린이 구원파와 같은 부류로 취급되어서는 안 됩니다.

영남지역에서의 역사를 연대별로 살펴보면, 거창에 세워진 교회를 이어 1963년에는 선산 연수에, 1964년에는 인근 지역인 선산 고아에, 1970년에는 구미에, 1972년부터는 대구 여러 지역에 교회가 세워지게 되었습니다. 부산에는 1970년부터 교회가 시작되었는데 특히 제임스가 부산에 내려와 활동하면서 여러 지역으로 퍼져나갔습니다.

1970년대 초에는 부산을 비롯한 전국의 몇몇 브레드린 교회에 '왕중생'이 이끄는 지방교회가 교리적인 위협을 가하기도 하였습니다. 그러나 브레드린이 점차 자신들의 정체성을 찾으면서 지방교회로부터 오는 혼란에서 벗어나 교회를 지켰습니다. 1974년부터 울산에, 1980년에는 포항에서 교회가 시작되어서 영남지역에는 45개의 교회가 세워졌습니다.

호남지역은 외딴 섬과 벽촌 지역에서 먼저 복음이 전파되고 이 것이 도시로 옮겨가서 도시에서 확장되는 형태를 띠었습니다. 전 형적인 농촌인 진도군 임회면에 위치한 백동마을에서 가장 먼저 교회가 시작되었습니다. 1967년 4월에 매카피 선교사의 선교학교 에서 훈련받은 1기생을 통하여 그곳에 복음이 전해지고, 그 해 9월 에 처음으로 성찬식을 거행하게 되었습니다. 연이어 이곳에 선교 사들의 지원이 이어졌고 이 교회 출신들을 통하여 광주를 비롯한 여러 지역에 교회가 세워졌습니다.

호남에서 두 번째로 1968년부터 김제 대촌에 복음이 전해져서 교회가 세워졌고, 그 다음으로 1969년에는 전남 신안군에 있는 비 금도에 교회가 세워졌습니다. 이렇게 외딴 섬과 벽촌 지역에서 회 심한 젊은이들에 의해 여러 지역에 교회가 시작되어 호남지역에 43개의 교회가 세워졌습니다.

마지막으로 제주지역은 1975년부터 복음이 전해져서 3개의 교 회가 세워졌습니다.

브레드린에 의하여 한국에 세워진 교회가 2019년 1월 현재 230 여 개에 달하고 있으며 형제운동은 지금도 지속되고 있습니다. 또 한, 한국의 브레드린 교회는 1990년을 전후하여 해외 선교사역을 시작하였습니다. 현재 한국의 브레드린에서 파송된 36명의 선교 사가 중국, 태국, 캄보디아, 베트남, 네팔, 몽골, 호주, 동티모르, 필리핀, 인도네시아, 남미 파라과이, 남아공, 스리랑카, 러시아, 키르키즈스탄, 라오스, 미얀마, 요르단 등 세계 여러 지역에서 활발하게 선교사역을 감당하고 있습니다.

이와 함께 한국의 브레드린은 미국, 영국, 캐나다, 호주, 뉴질랜드, 독일, 일본, 대만, 인도, 남미와 동남아시아 등 세계 여러 나라에 퍼져있는 같은 신앙을 가진 브레드린과 지속적인 교류를 하면서 타문화권 선교와 교육 선교에도 협력하고 있습니다. 1960년부터 내한 선교사들에 의하여 세워진 한국의 브레드린 교회는 여러 가지 오해 속에서도 한국에 뿌리를 내리고 성장하여 해외의 브레드린과 교류하며 선교에 동참하는 다양한 사역을 하고 있습니다.

(2) 한국 형제운동의 성공 요인

한국에서 형제운동의 성공 배경으로 먼저 외적인 요인을 들 수 있습니다. 지난 세기까지 한국에서 기독교는 끊임없이 성장하였습니다. 해방 당시 한국 기독교인 수는 개신교와 천주교를 합쳐 50만 명이 채 못 되었으나, 1970년대 들어서면서부터 기독교인 수가 양적으로 급성장을 하기 시작하였습니다. 이러한 현상은 1970년대 당시의 혼란한 국내 정치의 현실과 극심한 사회변동, 그리고 경제성장이라는 사회적 배경 아래 생긴 것입니다. 그러한 불안감 속에서 오히려 보수 교단들 및 복음주의적 교인들이 열정적으로 선교하였기 때문입니다.

1973년 5월 3만 6천여 명의 결신자가 나왔던 빌리 그래함(Billy Graham)의 여의도 전도대회와 1974년 8월 '엑스폴로 74' 기독교 세계복음화대회 개최 등이 당시의 기독교 성장을 말해주고 있습니다. 이처럼 기독교가 크게 성장하는 분위기에서 한국의 형제운동도 성공적으로 발전할 수 있었습니다. 외적인 상황이 한국에서 형제운동의 성공에 미친 영향을 무시할 수는 없을 것입니다.

그러나 한국에서 형제운동이 성공할 수 있었던 것은 내적인 요인이 더 크다고 할 수 있습니다.

첫 번째로, 앞에서 살펴본 바와 같이 내한 선교사들의 선교 열정과 한국인에 대한 사랑이 있었기 때문입니다. 예를 들어, 에드가 쿤지의 삶을 살펴본 조성훈은 다음과 같이 말하였습니다.

「그는 내가 가까이 지켜본 사람 중에 진실로 성경에서 말하는 장로의 자격을 갖춘 몇 안 되는 사람 중의 하나였다. … 에드가 쿤지 선교사가 내게 보여준 으뜸이 되는 본이 있다면 사람들에 대한 진지한 사랑이다. 추운 겨울에 외부에서 방문한 성도를 위하여 자신이 사용하던 이불을 걷어 그에게 주고 자신은 차가운 밤을 지새우던 그의 사랑은 나의 마음에 많은 감동을 가져다주었다. 믿음이 연약한 성도들을 보면 잠 못 이루는 모습도 보았다. 십여 년을 가까이서 지켜보면서 성도들에 대한 사랑과 영혼들에 대한 변함없는 사랑에 대하여 많은 것을 배울 수 있었다.」

에드가 쿤지의 따뜻한 인격과 헌신적인 삶은 초기 지도자들에게 감동과 교훈을 주었습니다. 이러한 모습은 에드가 쿤지뿐만 아니라 브레드린에서 파송된 선교사들의 공통된 점입니다. 그들은 단순히 형제운동의 원리를 이론적으로 가르친 것이 아니라 초기 브레드린의 지도자들처럼 그들의 실제 삶으로 보여준 것입니다. 이것이 한국인들에게도 그대로 전수되었고 한국의 초기 지도자들도 그런 삶을 살았습니다.

두 번째로, 내한 선교사들의 영향을 받은 1960년대 초기 한국의 지도자들의 헌신이 한국에서의 형제운동에 중요한 역할을 하였습니다. 브레드린의 내한 선교사들이 없었다면 한국에서의 형제운동은 출발할 수 없었을 것입니다. 그러나 한국에서의 형제운동의 역사를 살펴보면, 비록 선교사들의 영향과 도움이 있었다고 할지라도 주도적인 역할을 한 것은 오히려 초창기에 회심한 한국인들의 열정과 헌신이었다는 평가를 받고 있습니다. 그들은 회심의 기쁨과 함께 단순하게 성경에 순종하고자 하는 마음으로 교회를 세워나갔고, 전도에 대한 열정으로 전국 곳곳으로 뻗어 나갔습니다. 복음전도의 사명에 순종하기 위하여 기꺼이 자신의 젊음과 미래를 복음전도와 교회설립에 다 쏟아 부었습니다. 양진효는 그 당시의 복음전도의 상황을 다음과 같이 설명하고 있습니다.

「당시 서로 사랑하며 기도하고 협력하였던 것은 단순하고 분명한 가운데서의 순종이었다. 요한복음 2장 5절에서 이르신 것처럼 그 어머니가 하인들에게 이르되 너희에게 무슨 말씀을 하시든지 그대로 하라고 하였을 때 그대로 순종하여 물이 포도주가 된 것을 경험한 하인들과 같다. 우리도 그렇게 순종하였기에 놀라운 성령의 역사를 경험하는 … 역사가 이루어지고 있다.」

위의 글에서 알 수 있듯이 초기 지도자들은 복음을 위하여 단순하게 성경에 나타난 대로 순종하는 것으로 자신의 삶을 헌신하였습니다. 따라서 한국에서의 형제운동은 내한 선교사들의 지도와 후원이 있었지만 실제로 주도적인 역할을 한 것은 한국인이었습니다. 한국에서 형제운동이 시작된 1960년대에 초기 지도자들의 헌신이 있었기에 오늘날 한국 곳곳에 브레드린의 교회가 세워진 것입니다.

(3) 한국 브레드린에 대한 올바른 이해

지금까지 살펴본 대로 형제운동은 세계 교회사뿐만 아니라 한국 교회사에도 의미 있는 발자취를 남겨왔습니다. 그렇지만 그동안 브레드린의 기원과 역사, 한국으로 전래된 과정에 대해 거의 연구되지 않았습니다. 특히 한국의 브레드린은 브레드린에서 파송된 선교사와 초기 한국인 지도자들에 의해 교회가 세워졌음에도 불구하고 제도권에서 활동하지 않아 일반 기독교인들에게 잘 알려지지 않았습니다. 뿐만 아니라 한국에서 브레드린은 건강하지 못한 다른 무리들로 오해를 받기도 합니다. 즉, 한국의 브레드린은 그 뿌리와 교리가 전혀 다름에도 불구하고 '기독동신회'나 '지방교회' 혹은 '구원파'의 아류로 오해를 받기도 합니다.

❶ 브레드린은 기독동신회가 아닙니다.

기독동신회는 1896년 일본에서 건너온 노리마쓰 마사야스(乘松雅休, 1863~1921)에 의해 한국에서 시작되었습니다. 그는 1863년에 일본 에히메(愛媛) 현 마쓰야마(松山)시에서 태어나서 1883년에 요코하마의 대부흥을 접하고 전도자로 나서게 되었습니다.

노리마쓰에게 영향을 미친 사람은 일본에서 활동하던 영국인 선교사 H. G. 브랜드(Herbert G. Brand, 1865~1942)입니다. 영국 성공회에 속한 집안에서 자란 브랜드는 케임브리지대학 재학 중 성공회에 회의를 갖게 되었고 친구의 권유로 브레드린의 집회에 참석하여 영향을 받게 되었습니다. 그는 1888년 가을에 단신으로 일본에 건너가 쓰키지(築地)에서 전도활동을 시작하였습니다. 그렇지만 브레드린에서 파송받은 것이 아니라 개인적인 활동이었습니다.

1896년에 노리마쓰가 한국으로 건너오자, 브랜드는 1898년부터 1921년 귀국할 때까지 노리마쓰와 함께 한국과 일본에서 전도하여 기독동신회가 세워지게 되었습니다.

브랜드가 영국에서 브레드린과 직접 교제한 것은 3~4년에 불과합니다. 그리고 브랜드는 1913년에 나타난 신학적인 문제로 영국의 브레드린으로부터 출교 당하였습니다. 그 결과 한국의 브레드린이 전 세계의 브레드린과 교류하는 점에 비하여 그들은 지금까지도 이러한 교류가 단절되어 있습니다. 교리적으로도 은혜의 복음을 믿는 브레드린과 다르기 때문에 기독동신회는 한국에 전해진 형제운동과는 무관합니다. 따라서 한국의 브레드린은 그들과는 역사적으로나 교리적으로 구별됩니다.

❷ 브레드린은 지방교회가 아닙니다

위광휘에 의하면 "지방교회에 절대적인 영향을 미친 윗치만 니(Watchman Nee, 1903~1972)는 1903년 11월 4일 중국 푸젠(福建) 성 푸조우(福州)에서 출생하여, 1920년에 회심하였다"고 합니다. 그후 그는 '작은 무리 운동'이라는 신앙운동을 시작하였습니다.

윗치만 니의 동역자로서 그의 뒤를 이은 사람이 현재의 지방교회를 창설한 윗트니스 리(Witness Lee, 1905~1997)입니다. 그는 중국 체후(芝果)에서 출생하여 1925년에 복음을 접한 후, 그 지역에서 '작은 무리'를 인도하다가 윗치만 니를 돕기 시작하였습니다. 그리고 윗치만 니 사후에는 지방교회를 이끌었습니다.

한편, 한국의 지방교회는 자신이 윗치만 니의 직계제자라고 주장하는 '왕중생(한국 본명 권익원, ?~1980)'에 의하여 1966년에 시작되었습니다. 그는 폐쇄적인 성향의 지도자여서 한국의 지방교회는 외부와 교류 없이 독자적으로 운영되었습니다. 왕중생이 세상을 떠난 1980년대부터는 해외의 지방교회와 교류가 시작되었습니다.

그러나 브레드린은 역사적인 면에서 지방교회와 분명히 구별됩니다. 윗치만 니는 비개방적 브레드린의 영향을 많이 받았습니다. 그가 1933년에 영국의 비개방적 브레드린과 교제할 때 환영받기도 했지만, 다른 교회의 성찬식에 참여하였다는 이유로 비개방적 브레드린과 교제가 단절되었습니다. 그 후 윗치만 니도 자신의 신앙관과 맞지 않는다는 이유로 그들과의 교류를 거절하였습니다. 이처럼 윗치만 니가 비개방적 브레드린의 영향을 받았던 적이 있으나 결국은 서로 각자의 길을 걸어왔으므로 역사적인 면에서 형제운동과 관련이 없습니다.

또한 교리적인 면에서도 브레드린과 다릅니다. 지방교회는 신인합일사상, 양태론적 삼위일체 등의 신론과 성경의 풍유적인 해석, 교회조직과 명칭에 있어서 행정단위 강조 등을 주장합니다. 이러한 지방교회의 교리와 달리 브레드린은 역사적인 기독교 정통신앙을 확고히 붙잡고 있습니다.

❸ 브레드린은 구원파가 아닙니다
탁명환에 의하면 '구원파는 크게 권신찬 계열, 이요한(본명 이복칠)

계열, 박옥수 계열' 등으로 분류할 수 있습니다.

　권신찬은 유병언과 함께 1961년 11월 '기독복음침례회'를 시작하였습니다. 네덜란드 선교사 케이스 글래스(Kees Glass, 길기수)와 미국의 독립선교사 딕 욕(Dick York)의 영향을 받았지만, 1963년부터 이들 선교사와의 관계를 끊고 독자적으로 활동하였습니다. 1969년부터 1982년까지는 '한국평신도복음선교회'로, 그 후로는 '기독교복음침례회'라는 이름으로 활동하고 있습니다.

　이요한은 1962년에 "중생을 경험하였다"고 하며 권신찬에게서 안수를 받고 초창기부터 권신찬과 함께 하였습니다. 1983년부터는 교회의 수익 사업을 반대하여 유병언 계열에서 갈라져 나와서 독자적인 노선을 걷고 있습니다. 현재 이요한 계열은 '대한예수교침례회'라는 이름으로 활동하고 있습니다.

　박옥수는 자신의 책에서 "1962년에 거듭난 체험을 한 후 선교사 딕 욕이 세운 선교학교에서 훈련을 받았다"고 밝힙니다. 그는 1976년에 '기쁜소식 선교회'를 설립하여 이끌어왔고, 1980년대에 들어와 '예수교복음침례회'로 활동하다가 '대한예수교침례회'로 이름을 바꾸었습니다.

　이처럼 구원파는 처음에 한 뿌리에서 출발하였지만 세월이 흐르면서 지금은 각자의 노선을 가고 있는데, 한국의 브레드린은 이들 구원파와 다르다는 것을 무엇보다도 역사적인 면에서 알 수 있습니다. 한국의 브레드린이 해외 브레드린에서 파송된 선교사들에 의하여 세워진 것에 비하여, 그들에게 지대한 영향을 미친 케이스 글래스와 딕 욕은 역사적인 형제운동과는 아무런 연관이 없습니다.

형제운동이 한국에 들어온 초기에는 이들과 일부 부분적인 교류가 있기도 하였습니다. 그 당시 한국에서는 아직 브레드린의 정체성이 명확하지 않았기 때문입니다. 그러나 형제운동이 자리를 잡으면서 그들과는 다른 길을 갈 수밖에 없었습니다. 그래서 구원파는 해외 브레드린과도 교류가 없을 뿐 아니라 한국의 브레드린과도 교제가 단절되어 있습니다.

교리적으로도 양측이 교류할 수 없습니다. 대표적으로 목사제도를 들 수 있는데, 구원파는 공식적인 목사제도를 도입하였습니다. 이는 형제운동의 중요한 원리 중 하나인 비성직자주의와 어긋납니다. 무엇보다도 구원파의 핵심 교리인 구원관은 브레드린이 칭의와 함께 성화를 강조하는 면에서 분명하게 구별됩니다.[61]

또한, 브레드린이 초창기부터 그리스도의 재림에 큰 관심을 가지고 있었으나 권신찬, 이요한 계열처럼 극단적인 세대주의적 시

---

61) 구원파가 마치 자신들에게만 구원이 있다고 주장하거나, 회개는 한 번뿐이라고 하는 것에 대하여 브레드린은 동의하지 않는다. 무엇보다 브레드린에서는 구원파의 극단적인 구원론을 경계하고 있다.

한부 종말론을 주장하지 않는다는 면에 있어서도 차이가 있습니다. 그러므로 구원파와 브레드린은 교리적인 면에서도 엄연히 다릅니다. 브레드린은 성경에 바탕을 둔 역사성을 지닌 신앙인들이며, 형제운동은 전 세계적으로 퍼져 교회사에서 널리 인정되어 온 운동입니다.

3. 한국 형제운동의 건실한 발전을 위한 제안

19세기 초에 시작된 형제운동은 개방적 브레드린을 통하여 그 정신과 원리가 실현되면서 전 세계 복음화에 이바지하였습니다. 그러나 조직적인 교단을 갖추지 못하고 하나의 운동으로 전해진 오늘날의 브레드린은 미래의 방향성에 혼란을 겪고 있습니다. 따라서 필자는 지금까지 살펴본 역사와 정신에 비추어 한국 형제운동의 건실한 발전을 위하여 한국의 브레드린과 한국 교회에 다음과 같이 제안하고자 합니다.

(1) 한국 형제운동의 미래를 위한 제안

한국에 브레드린 교회가 세워진 지 반세기가 흘러가는 이 시점에서 한국에서의 형제운동이 더욱 발전하기 위해 다음과 같이 제안합니다.

첫 번째로, 현재 한국에서의 형제운동은 정체성을 찾는 것이 가장 시급한 과제입니다. 오늘날 한국에서 브레드린에 들어오는 새 신자나 혹은 형제운동의 일세대의 자녀들은 초기의 선배들이 고난을 각오하고 지켰던 그 정신을 이해하지 못하고 있습니다. 형제운동은 조직화된 구조로 존재하지 않는 운동이기 때문에 그 처음의 정신을 잃어버리면 존재 자체가 흔들리게 됩니다. 한국의 기독교가 지난 20세기와 달리 크게 성장하지 않는 상황에서 복음전파는 점점 어려워지고 있는 형편입니다. 이런 상황에서 일반적인 기존 교단은 제도화된 구조 속에서 보호를 받을 수 있지만 형제운동은 그 정체성이 흔들릴 수밖에 없습니다.

그러나 오늘날의 상황에서 브레드린의 정체성을 찾는 문제는 그렇게 쉬운 일이 아닙니다. 이런 상황을 인식했던 로우던도 19세기 초의 역사적 상황에서 시작된 형제운동이 20세기 후반부터는 정체성의 위기를 맞고 있다는 것을 지적하였습니다. "과거에는 사람들이 브레드린이 무엇을 상징하는지를 알았고 브레드린 자신들은 그것을 훨씬 더 잘 알았다. 그러나 오늘날은 이것이 거의 사라졌다"고 하였습니다. 이어서 그는 오늘날 정체성의 혼란으로 인하여 브레드린에 양극화가 일어나고 있다고 하였습니다.

「어떤 사람들은 브레드린의 삶의 전통적인 형태에 환멸을 느끼기 시작하였고, 어떤 사람들은 다른 곳으로 옮기거나 방식을 수정하기 시작하였다. 또 다른 사람들은 변화에 단호한 태도를 보이면서 케케묵은 생각을 반복하였다.」

이처럼 브레드린 내부에서도 변화가 일어나는 반면에, 한편에서는 그 변화를 억누르기도 하여서 브레드린은 정체성의 혼란을 겪고 있습니다. 브레드린이 자신의 정체성을 찾는 길은 무엇보다도 먼저 성경에 있습니다. 초기에 형제운동은 성경을 연구하면서 당시 기존 교회의 전통에서 벗어나 성경의 모습으로 교회를 세우고자 하였기 때문입니다. 따라서 세월이 흐르면서 생겨난 브레드린 자체의 관습과 전통으로 인한 모든 선입견을 버리고 다시 성경으로 돌아가야 할 것입니다. 그렇게 하기 위해서는 성경에 대한 올바른 접근이 필요합니다. 로우던은 성경에서 교회의 모습을 찾을 때 패턴(pattern)인지 원리(principles)인지를 질문하고 있습니다.

「하나님께서 자세한 규정을 두지 않고, 대신에 시대를 넘는 신약의 원리와 지침을 적용하고 재적용하도록 교회를 인도해 줄 성령을 주신 것이 얼마나 자비로운가. … 하나님은 율법이나 법령의 모양이 아닐지라도 이 지침을 주셨고 계속해서 주신다. 그래서 예를 들어 예배의 형태, 지도력의 스타일, 전도의 방법은 정형화된 양식을 따르도록 의도되어 있지 않고 오히려 진실함(integrity), 적절함(propriety), 교화(edification)와 같은 신약이 주장하는 기본적인 원리를 나타내야 한다.」

로우던은 신약에서는 구약의 이스라엘이 성막을 지을 때처럼 모든 양식을 세세하게 알려준 것이 아니라 교회에 대한 원리를 말하고 있다고 주장합니다. 특히, 이 원리를 적용하도록 성령을 주셨다는 것에 주목하고 있습니다. 그렇기 때문에 성령의 인도에 따라 성경에서 말하는 교회에 대한 원리를 찾아내야 합니다. 초기 개방적 브레드린도 사도시대 교회의 모습을 구현하려고 하였기 때문에 성경에서 그 원리를 찾고자 하였습니다. 예를 들어, '신약교회의 질서(New Testament Church Order)'라는 제목의 책에서 크레이크는 다음과 같이 기록하고 있습니다.

「신약성경에 담겨 있는 교회 규칙의 문제들에 관한 교훈들은 교회 체제의 명확한 법전(code)의 형태로 주어진 것이 아니라, 역사적인 사실들, 사도의 사례들, 그리고 주요 원리들이 모아진 것이다.」

크레이크는 성경을 유일한 판단의 기준으로 삼되 다양한 분별을 허용해야 한다고 하였습니다. 초기 개방적 브레드린은 교회 질서를 위한 법전으로써가 아닌 교회의 실행들을 위한 지침으로써 신약성경의 기록들을 사용하면서 사도시대 교회처럼 되도록 노력하였습니다. 그러므로 성경에 기록된 문자 자체에 매여 있는 해석에서 벗어나 성령의 인도 아래 그 원리를 바르게 이해하고 적용할 때 변화가 가능합니다.

이와 함께 브레드린의 정체성을 가지기 위해서 본서에서 설명된 바와 같이 형제운동에 대한 역사적 연구를 통하여 초기의 정신을 회복하는 것입니다. 브레드린에 속한 성도는 형제운동에 대한 역사에 대하여 바르게 알고 자부심을 가질 필요가 있습니다. 자신들의 역사를 바르게 이해함으로써 역사적으로뿐만 아니라 교리적으로도 올바른 정체성을 가질 수 있기 때문입니다.

또한 과거의 역사를 살펴봄으로써 현재의 상황을 바르게 진단하고 앞으로 나아갈 방향을 모색할 수 있을 것입니다. 따라서 역사를 통하여 통찰력을 얻고 미래를 대비하는 것이 반드시 필요합니다. 이렇게 브레드린이 성경과 역사를 통하여 자신의 정체성을 수립하게 된다면 다른 제도권의 교회가 가지지 못한 경쟁력을 얻게 될 것입니다.

두 번째로, 21세기의 한국은 1960년대 초기 지도자들이 활동하던 시대와는 현격히 다르다는 사실을 인식하고 체계적인 교육을 통하여 이 시대를 이끌어갈 지도자들을 양성해야 합니다. 한국의 브레드린은 자체적인 교육기관을 가지고 있지만, 주로 지역 교회 내에서 은사를 따라 도제 방식으로 지도자를 키워왔습니다. 그러나 다른 나라의 경우 개방적 브레드린에서는 오래 전부터 더 전문적인 성경학교나 선교기관을 통해서 지도자를 양성해 왔습니다.

오늘날은 어떤 분야이든지 전문가를 필요로 하는 시대입니다. 현재 한국의 브레드린도 성경공부와 훈련을 위한 과정이 여러 모양으로 마련되어 있습니다. 그렇지만 기존 교육기관을 보다 전문화하여 이 시대에 걸맞은 지도자를 키워낼 수 있도록 더 수준 높은 교육기관이 설립되어야 합니다. 필요하다면 외국의 전문적인 교육기관의 도움을 받아서 한국 형제운동의 미래를 준비하는 것도 좋은 방안입니다.

이런 전문화된 교육기관이 있으면 심도있는 교리 연구가 이루어지고 형제운동의 정체성을 명확하게 하는 신학이 재정립될 것입니다. 그래서 양질의 교육과정을 이수할 수 있으며, 그에 맞는 학위도 수여될 수 있을 것입니다. 이렇게 훈련받은 일꾼의 전문성이 존중되어서 목회에 적용된다면 지역 교회가 건강하게 세워지고 복음이 힘있게 전해질 것입니다.

세 번째로, 한국의 브레드린은 앞으로 외부 교단과의 건전한 교류가 필요합니다. 한국은 제도적인 교단의 세력이 강하고 이단에 대한 경계가 심합니다. 이러한 상황에서 브레드린이 타교단으로부터 고립되는 것은 선교활동에 막대한 손실을 초래합니다. 따라서 브레드린을 소개할 수 있는 연구소와 같은 대외적인 기구를 세워서 기독교계에 자신의 존재를 알릴 필요가 있습니다.

브레드린은 어느 교단에 속한 사람들보다 자신들의 성경적 분별과 실행에 대하여 자부심이 강합니다. 이것이 다른 교단과의 교류에 대한 필요성을 느끼지 못하게 하는 주요한 원인이 됩니다. 하지만 이런 태도는 브레드린 스스로 고립에 빠지게 하여 변화하는 세계에 대처하지 못하게 합니다. 또한 자신들의 발전을 저해하며 무엇보다도 전도에 막대한 장애가 될 수 있습니다. 그러므로 자신들의 분명한 정체성을 가지고 타교단에 대해 폭넓게 이해하며 나가야 할 것입니다.

로우던은 "브레드린 밖에서도 하나님의 말씀이 그들이 이전에 알았던 어떤 것들 이상으로 능력과 권능으로 전해지고 있다"는 것을 인정할 필요가 있다고 촉구합니다. 또한 바버의 지적처럼 브레드린 밖에서 일어나는 하나님의 역사를 인정하고 협력하는 태도도 필요합니다.

그로브스는 브레드린 밖의 사람들에 대하여도 존중하는 태도를 가졌습니다. 그는 "그리스도께서 다른 사람이나 무리를 통하여서도 역사하셔서 영혼을 회심하게 하고 양육하는 그들의 복음사역에 복 주실 수 있다"고 하였습니다. 그렇다면 우리는 그리스도와 그의 신비한 몸인 교회에 죄를 짓는 것이 두려워서라도 감히 사람이나 무리를 부인하거나 공식적으로 관계를 단절할 수 없다는 것입니다. 그것은 분열을 조장하는 끔찍한 죄이기 때문입니다.

그로브스는 "만약 어느 신자 안에서 그리스도를 찾을 수 있고, 어느 교회에서 성령을 찾을 수 있다면, 그 사람을 그리스도 안에 있는 나의 진정한 형제로 받아들이고 그 교회를 살아계신 하나님의 진정한 교회로 받아들여야 한다"고 하였습니다. 이처럼 그로브스는 비록 다른 교단에 속하여서 브레드린과 함께 하지 않더라도 그리스도를 믿는 신자라면 우주적인 교회의 일원으로 보았습니다.

초기 개방적 브레드린은 다른 개신교도들과 성경 해석에서 차이를 느끼고, 성직자제도를 거부하고, 교회 내 조직이 없는 등 독특한 정체성을 가지고 있었습니다. 그러나 그들은 다른 기독교 교단과 연합하기를 꺼리지 않았습니다. 이러한 모습은 채프먼과 크레이크, 조지 뮐러에게서 발견됩니다. 초기 지도자였던 조지 뮐러는 보육원사역을 위해 여러 기독교 교파를 대표하는 사람들이 조화롭게 함께 일한 것을 만족스러워 하였습니다. 이것이 다비가 말한 연합의 개념과는 다른 초기 개방적 브레드린의 연합의 원리입니다.

크레이크와 함께 조지 뮐러는 다른 교단에 속한 사람과도 언제나 동역할 의사를 가지고 있었습니다. 그는 자신의 정체성을 명확하게 인식하고 있었지만 그것이 브레드린 밖의 사람들과 교제하는데 어려움을 주지 않았습니다. 그는 브레드린이 아닌 교회에서도 설교하였고, 다른 교회의 목사들도 베데스다교회에서 설교하였습니다.

조지 뮐러의 성경지식협회는 브레드린에 속한 선교사만 아니라 다른 교단의 선교사들에게도 재정지원과 기도 후원을 하였습니다. 말년에 그의 전 세계적인 설교 여행은 에큐메니컬한 활동이었습니다. 오히려 이러한 연합이 성경에서 말하는 사랑을 실행하는 것이었습니다. 조지 뮐러에게는 브레드린이라는 강한 정체성과 모든 그리스도인에 대한 포용성이 넉넉하게 양립할 수 있는 것이었습니다.

브로드벤트는 당시 독일에서 침례와 국가교회로부터의 분리가 거의 모든 것이 되어버린 형제들에 대한 조지 뮐러의 경고를 소개하고 있습니다.

「진리의 어느 부분들, … 혹은 예언 등과 연관된 매우 귀중한 진리들이라 할지라도, 다른 모든 진리들 위에 그러한 부분적 진리들을 지나치게 강조하여 그것들을 가장 두드러지게 내세우는 자들은 곧 자신들의 영혼이 방황에 빠지게 될 것이며, 만약 그러한 자들이 교사들이라면 그들에게 배우는 사람들에게 해를 끼칠 것이다.」

이것은 성경에서 발견한 어떤 중요한 부분을 지나치게 강조함으로써 그들의 견해를 따르지 않는 사람들을 조금도 용납하지 않으려는 자들에 대한 경고입니다. 그러나 초기 개방적 브레드린은 흔들리지 않는 분명한 정체성을 가지고 있었지만, 성공회, 루터 교회, 스코틀랜드의 자유 교회, 그리고 침례교도들을 포함한 많은 교파와 협력하였습니다.

개방적 브레드린의 구성원들은 특히 복음 전도가 목적일 때, 초교파적이거나 무교파적인 조직과 활동에 참여하였습니다. 예를 들면 무디와 빌리 그래함이 설교하는 집회들이었습니다. 이것이 교파를 초월해서 한 떡에 참여할 수 있다는 연합의 정신을 가진 초기 개방적 지도자들의 입장이었습니다.

네 번째로, 한국의 브레드린은 지역 교회의 독립성에 대해 올바른 적용이 필요합니다. 한국은 개방적 선교사들의 영향으로 브레드린의 교회가 세워졌고, 각 지역 교회의 독립을 강조하고 있습니다. 그러므로 한국의 브레드린은 다비의 교회론에 따른 비개방적 브레드린이 아니라 개방적 브레드린입니다.

개방적 브레드린의 특징은 지역 교회의 다양성을 서로 인정하고 수용한다는 것입니다. 따라서 지역 교회가 형제운동의 정신과 원리에 기초하고 있다면 복음에 대한 본질적인 진리를 훼손하지 않는 한 다양한 실험적 시도를 서로 존중해 주어야 합니다. 그렇게 할 때 비로소 한국의 상황에 맞게 지역 교회가 다양하게 발전할 수 있기 때문입니다.

이와 함께 각 지역 교회가 서로 연합하여 교류하며 선교와 복음 사역을 위하여 협력하여야 할 것입니다. 여러 지역 교회가 연합한다면 작은 지역 교회가 할 수 없는 일도 해낼 수 있기 때문입니다. 이렇게 지역 교회의 독립을 존중해 주면서 형제운동의 원리에 따라 유대감과 연결고리를 가지고 다른 지역 교회들과 협력하고 동역한다면 한국의 브레드린은 더욱 발전하게 될 것입니다.

다섯 번째로, 형제운동이 한국에서 영향력을 미치기 위하여서는 무엇보다도 형제운동의 모델이 될 수 있는 교회를 보여주어야 할 것입니다. 이론적으로만 자신들의 교회론을 주장할 것이 아니라 브레드린이 자부심을 가지고 있는 교회론에 따라 실제로 운영되는 교회가 전국 곳곳에 세워져야 합니다. 그 모습은 위에서 말한 바와 같이 지역 교회에 따라 다양한 모습으로 나타날 수 있습니다. 1960년대에 시작된 교회들이 한국에서 형제운동의 초기였다면 이제는 성숙하고 다양한 모습으로 형제운동의 정신을 구현하는 교회가 되어야 할 것입니다.

이런 교회는 형제운동의 정신에 따라 침례와 성찬식이 형식적인 의식이 아니라 생명력 있는 예식이 되어야 합니다. 명목상의 복수장로제가 아니라 실제로 성숙한 장로들에 의하여 목양이 이루어지는 모습을 보여주어야 합니다. 또한, 형제운동의 초기와 같이 경건하고 영적인 지도자들이 일어나야 할 것입니다. 세속적인 신앙의 모습에서 벗어나 그리스도의 임박한 재림을 준비하면서 무엇보다도 활발한 전도와 선교사역이 이루어지는 교회가 되어야 할 것입니다.

바버는 "브레드린에 속한 어떤 사람들은 그들에게 올바른 가르침이 있음에도 그것들이 이 운동 안에서 실제로 실천되지 않는 것에 좌절하기도 한다. 또 어떤 이들은 부정적인 경험을 하고 떠나갔다"고 합니다. 이러한 지적을 겸허하게 받아들이고 형제운동의 원리와 정신을 실제로 보여주는 교회를 세워야 할 것입니다.

마지막으로, 위의 모든 제안의 필요성을 인식한다면 미래의 변화를 예견하고 대비하여야 할 것입니다. 변화라는 주제는 우리 시대의 중요 관심사이고, 교회는 변화를 야기하는 사회문화에 대해 준비되어 있어야 합니다. 오늘날은 신약시대와는 엄청나게 다르며 형제운동이 일어난 19세기 초와도 비교할 수 없습니다. 이에 대하여 바버는 로우던의 견해를 인용하여 다음과 같이 말하였습니다.

「다른 교회들은 최근에 상당한 성장을 경험하는 반면에, 오늘날 영국에서 일반적으로 '브레드린'이라고 불리는 하나님의 사람들은 부흥이 긴박하게 필요하다는 것을 부정할 수 없다. 2차 세계대전 이전 및 직후에 가장 강한 복음적 능력을 가지고 있었지만, 그들은 이제 그전의 모습의 그림자로 떨어지고 말았다. … 가장 영적인 축복을 경험하고 있는 교회는 변화를 할 준비를 하고 변화된 교회였다. 그들은 가장 신성시되는 전통들도 성경의 기준으로 끌어오는 원리를 배웠고 전통에 그다지 영향을 받지 않는 중요한 형제운동의 원리를 계속 연구하였다.」

로우던은 영국에서 변화를 준비하지 못한 교회와 준비한 교회의 차이점을 분명히 보여주고 있습니다. 한국의 브레드린은 이러한 경고를 진지하게 받아들일 필요가 있습니다. 변화하는 과정에서 전체적인 그림을 보지 못하고 사소한 것에 매여서 논쟁하는 것은 탁상공론에 불과합니다.

이것을 위하여 본질적인 문제와 지엽적인, 혹은 문화적인 문제를 잘 분별할 필요가 있습니다. 브레드린에서 자주 인용되는 격언인 '본질적인 것에는 일치를, 비본질적인 것에는 자유를, 모든 것에는 사랑을'이 이루어져야 할 것입니다. 그래서 비본질적인 문제에서는 지역 교회 사이에 견해의 차이가 있더라도 같은 형제운동의 원리 안에 있다면 서로 받아들임으로써 함께 공존하며 발전해나가야 합니다.

바버는 때때로 교회가 관습에 젖어서 더 열정적이고 활발하고 실험적인 접근이 필요하다고 제안하는 사람들을 짓밟았다고 합니다. 그러나 교회 안에서 분열을 초래하는 것은 더 근본적인 요소들이 아니라 흔히 성격 또는 사소한 문제였다고 지적합니다. 바버가 말한 바와 같이 본질적인 문제가 아니라면 한국적 전통과 관습을 벗어나는 변화를 위한 시도가 필요합니다. 그리고 변화 속에 있는 지역 교회의 다양성을 인정하는 것이 전체 브레드린의 성장을 도모할 것입니다.

로우던은 "비록 현 세대에서 다음 세대로 고스란히 전해져야 하는 전통의 형식들이 있지만 비난받을 만해서 버려져야 할 것도 있다"고 주장합니다.

바울은 복음을 위하여 때로는 유대인처럼, 때로는 율법 아래 있는 것처럼 하여 더 많은 사람을 얻고자 하였습니다. 성경에는 절대 변해서는 안 되는 본질적인 것이 있는가 하면 비본질적이어서 변해야 하는 것도 있습니다. 따라서 절대 변하지 말아야 할 진리와 변할 수 있는 지엽적인 문제를 구별할 수 있는 지혜가 필요합니다. 절대 변하지 말아야 할 진리와 형제운동의 소중한 유산을 지키면서 이 시대의 변화에 대한 준비가 한국에서의 브레드린의 미래를 결정할 것입니다.

(2) 한국 교회에 대한 형제운동의 제안

필자는 한국에 형제운동을 소개한 바, 형제운동에 몸담고 있는 사람으로서 몇 가지를 한국 교회에 제안하고자 합니다.

첫 번째로, 형제운동은 순수하게 성경에서 말하는 초대교회의 모습을 회복하고자 하는 운동으로 그들에게서 발견되는 중요한 특징은 철저한 평신도 중심의 구조라는 것입니다. 성경이 모든 믿는 자들은 제사장들이라고 말하고, 성령은 모든 신자들을 인도하시며 그들을 신앙으로 하나 되게 하신다는 것을 고수하기 때문입니다.

브레드린은 평신도를 관장하는 성직자를 받아들이는 것이 성경적이지 않은 계급구조를 만들 가능성을 열어 놓는다고 보았습니다. 그들은 전 회중이 예배와 교회 생활에서 사역자로서 섬길 수 있는 권한을 가지기를 열망하였습니다. 이러한 이유로 브레드린 교회는 누구나 자신들의 은사를 발휘하는 이상적인 환경을 제공하는 교회가 되도록 하였습니다.

그러므로 브레드린에서는 아예 처음부터 성직자와 평신도라는 구분 자체가 없습니다. 이것은 초기에 이 운동이 시작될 때부터 성직제도에 대한 인간적 권위구조를 벗어나기 위한 것으로, 지금도 실제적인 평신도 중심의 교회 구조가 이루어지고 있습니다. 그러므로 형제운동에 대한 연구가 오늘날 성직자의 지나친 권위구조에 대한 새로운 대안을 제시할 수 있을 것입니다.

제임스 패커(James I. Packer)는 모든 지체가 함께 사역에 참여해야 할 교회에 성령을 소멸시킬 수 있는 성직주의가 들어오게 된 것을 우려하면서, 은사의 보편성과 전 신자의 사역참여에 대하여 성경적 원리를 재발굴한 공로를 19세기의 브레드린에 돌리고 있습니다. 브레드린은 성직주의가 성령의 역사를 막는다고 믿었기에 만인제사장의 원리를 실제로 구현하고자 하였습니다. 오늘날 이러한 원리가 재발견되고 있기에 브레드린의 교회가 좋은 모델이 된다고 볼 수 있습니다. 브레드린은 성직제도의 계급적인 구조를 벗어나 진정한 가족이 되는 교회를 세워가고 있기 때문입니다.

두 번째로, 형제운동의 예배에서 배울 수 있는 중요한 것은 매주일 성찬식을 행하는 것입니다. 현대의 기독교는 복음의 본질이 흐려지고 있는 시대입니다. 성찬식이야말로 복음주의적인 기독교의 핵심을 가장 잘 드러내는 교회의 표지 중 하나입니다. 초대 기독교인들은 오늘날과 같은 화려하고 복잡한 예배의식을 가지고 있지 않았습니다. 그들은 단순하게 성찬식을 통하여 그들의 신앙을 확인하고 예배했을 것입니다.

현대의 많은 교회에서 이러한 성찬식의 중요성이 새롭게 인식되고는 있으나 브레드린보다 더 중요하게 다루어지는 곳은 없을 것입니다. 실제로 대부분 한국 교회는 성찬식을 교회의 특별한 절기에만 실행하거나 심지어는 1년에 한 번도 하지 않는 교회들도 있다고 합니다. 그런 점에서 브레드린 교회에서 매주 행하고 있는 성찬식은 한국 교회에서 주목해서 보아야 할 점입니다.

브레드린에서 '예배를 드린다'는 것은 성찬식을 의미합니다. 설교를 듣는 것도 넓은 의미에서 예배를 드리는 것에 해당하겠지만, 설교는 일방적으로 듣는 입장이라면 성찬식은 적극적으로 참여하면서 개개인이 직접 하나님께 찬양과 감사를 드린다고 생각하기 때문입니다. 이 성찬식은 성령의 인도하심을 구하면서 남성 신자들, 즉 형제들에 의해 진행됩니다. 진행방식이나 참여자의 순서를 미리 정하지 않았지만 전해져 내려온 관례에 따라 자연스럽게 이루어집니다.

성찬식이 시작되면 형제들이 찬송을 선택하여 함께 부르거나 공중 기도를 드림으로써 자발적으로 참여합니다. 이때 선택하는 찬송이나 기도는 브레드린 성찬식의 특성을 잘 드러냅니다. 무엇을 간구하는 것이 아니라 하나님께서 이루신 구원을 찬양하거나 감사하는 내용입니다. 브레드린은 떡과 잔 앞에서 더 이상 하나님께 무엇을 구할 필요가 없다고 여깁니다. 왜냐하면 이미 하나님께서 가장 소중한 그리스도를 주셨고, 그를 통하여 완전한 구원을 이루셨기 때문입니다.

그러므로 구원을 이루신 하나님을 높이고, 그 놀라운 구원에 감사를 드리며, 고난 받으신 그리스도를 찬양하는 찬송과 기도를 드립니다. 또한 부활하셔서 다시 오실 영광의 그리스도와 장차 이르게 될 천국을 향한 소망을 노래하고, 자신들을 구원하신 그리스도를 향한 헌신을 고백합니다. 마지막에 떡과 잔에 대한 감사를 드린 후 성도들이 떡과 잔에 참여함으로 마무리됩니다.

이러한 성찬식을 매주 행하기 때문에 형식화될 우려도 있지만 대부분의 경우 매우 진지하게 진행되어지며, 정직하고 겸손하게 자신을 돌아보는 분위기에 눈물과 감동이 있습니다. 무엇보다 브레드린에서 매주 이렇게 성찬식이 드려짐으로써 그리스도의 고난을 묵상하는 가운데 기복신앙을 멀리하게 되고, 그리스도의 부활을 바라보기에 신비주의에서 벗어나며, 그리스도의 다시 오심을 기대하면서 세속주의로부터 멀어지게 됩니다. 브레드린은 이 성찬식을 통하여 진정한 예배를 드릴 수 있고, 순수한 복음의 진리를 되새기며 전할 수 있다고 믿고 있습니다.

세 번째로, 브레드린의 일원이 되기 위하여서는 분명하고 개인적인 회심의 증거가 필요합니다. 브레드린 교회는 형식적이고 거짓된 신앙고백을 강하게 경계하고 있으며 새로운 교인을 영접할 때 철저하게 그의 개인적 회심을 확인합니다.

라투렛은 브레드린에 대하여 "그들은 신자의 세례를 침수로 베풀었으며, 주일마다 성만찬을 행하였다"고 소개하면서 또한, "그들은 회심을 중시하였다"라고 강조하고 있습니다. 너무 쉽게 교인이 될 수 있고, 너무 쉽게 직분을 받을 수 있는 교회가 있다면 브레드린의 모범이 도전을 줄 것입니다. 교인 수에 따른 외향적 성장에 앞서 개개인의 진실한 회심을 통하여 질적으로 성장하는 것이 더 중요하기 때문입니다.

나아가 브레드린에서는 회심뿐만 아니라 개인적 성화와 경건의 삶을 요구합니다. 세속적인 삶을 벗어나서 그리스도의 재림을 사모하며 거룩한 삶을 살아야 하는 분위기가 형제운동의 저변에 깔렸기 때문입니다.

네 번째로, 형제운동은 일인 목회를 지양하고 팀리더십에 의한 역할 모델을 제시합니다. 즉, 복수의 장로들이 목회를 분담하는 체제입니다. 개방적 브레드린은 복수의 장로제도가 교회의 영적 필요들을 균등하게 공급하면서 교회 안에서 질서를 유지하는 바른 성경적 해결책이라고 여겼습니다. 따라서 브레드린의 장로는 사회적인 지위나 명성으로 얻을 수 있는 것이 아니고 실제적으로 목양을 하는 사람에게 주어집니다. 그러기에 장로에 대하여 딤전 3:1~7, 딛 1:6~9에 나오는 대로 성경에서 말하는 자격을 요구하였고, 도덕적인 면과 영적인 특성과 능력, 그리고 성령이 주신 동기를 분명히 점검하였습니다.

알렉산더 스트라우크(Alexander Strauch)는 장로들은 성도들의 목자로서 무엇이든 성도들이 필요로 하는 것을 도울 수 있어야 한다고 하였습니다.

「병든 자들을 방문하고, 어려움을 당한 자들을 위로하며, 약한 자들을 격려하고, 모든 양, 심지어 어려움을 주는 자라 할지라도 그들을 위하여 기도한다. 초신자들을 방문하고, 약혼한 자들, 결혼한 자들, 이혼하려는 자들에 대하여 상담하고, 성도들의 내적 삶에 대한 여러 다양한 것들을 돌봐주는 것을 말한다.」

그리고 성도들에게는 자신들을 돌보는 장로들에 대한 순종이 자연스럽게 요구되었습니다. 브레드린은 이처럼 장로들이 팀을 이루어 함께 목회하는 구조로 되어 있습니다. 이러한 시스템은 목사와 장로 사이에 갈등이 일어나기 쉬운 구조가 아닙니다. 오히려 모든 장로가 목양의 직분을 가지고 실제로 목양의 사역을 하게 되는 구조입니다.

다섯 번째로, 형제운동에서 주목해서 보아야 할 점은 브레드린의 초기 원리인 연합의 정신입니다. 오늘날 한국 교회는 교세 확장을 위하여 교단 간의 경쟁뿐 아니라 지역 교회 간의 경쟁도 치열합니다. 이런 모습을 바라보는 비기독교인들의 시선은 곱지 않습니다. 맥도웰은 형제운동이 이러한 장벽을 넘어서기 위하여 시작되었다고 하였습니다.

「만약 그렇다면, 우리는 아마도 성경에 따라 함께 모인 최초의 순수한 근거는 그리스도의 사랑을 나누는 것이라고 결론지을 수 있다. 즉, 형제운동은 이 기초 위에서 다 함께 모이는 데 큰 영향을 끼쳤다. … 각 지역 교회가 독립적인 운영을 유지하면서, 그리스도에게 속해 있음을 입증한 모든 사람을 받아들이면서, 특정교파에 얽매이지 않고 하나님과 동행하는 것이 가능해 보인다.」

위의 글에서 알 수 있듯이 각 지역 교회가, 혹은 각 교단이 독립성을 유지하면서 하나님 나라를 위하여 서로 존중하고 협력할 수 있다는 것입니다. 형제운동의 초기 지도자들은 이런 정신을 가지고 있었습니다. 이것은 제도적인 장치를 통하여 이루어지는 것이 아니라 교단과 지역 교회의 포용성이 넓어질 때 가능합니다.

이러한 연합의 기준은 교단의 관습이나 전통이 아니라 성경이 되어야 할 것입니다. 크레이크는 기독교가 연합하기 위해서는 모든 것에 있어서 성경을 기준으로 하는 진실한 열망, 성경에 대한 진중하고 부지런하며 경건한 연구가 필요하다고 하였습니다. 그러려면 계시된 근본적인 진리를 굳게 잡으면서도, 관용이 용인되어야 할 차이점에 대하여서는 서로에 대하여 관용하려는 폭넓은 결의가 있어야 할 것입니다.

초기 개방적 브레드린은 교파의 오래된 전통이나 굳어진 관례보다 성경의 기준이 중요하였습니다. 그리고 근본적인 진리가 아닌 부분은 관대한 수용이 이루어질 때 서로 인정할 수 있다고 보았습니다. 조지 뮐러는 "천국에는 차이가 없을 것이다"라고 말하였습니다. 한국 교회가 하나님 나라를 세우기 위하여 이런 정신을 가진다면 교단을 초월하여 지역 복음화를 위하여 협력할 수 있을 것입니다.

여섯 번째로, 브레드린에서는 아직도 치리가 살아있습니다. 브레드린에서는 마태복음 18:15-20, 고린도전서 5:1-13, 6:1-8 등 여러 성경구절을 근거로 치리를 실행합니다. 그들은 두 가지 목적으로 치리를 실행하는데, 그것은 교회의 거룩함을 유지하는 것과 범죄한 신자를 바로잡기 위한 것입니다. 그래서 범죄가 드러나면 마태복음 18장의 가르침에 따라 처음에는 개인적으로 권고하거나 권면하고, 중죄인 경우에는 출교까지 합니다. 특히 교회 지도자가 범죄하면 더욱 엄하게 징계를 받게 됩니다.

이렇게 어느 지역 교회로부터 치리를 받은 신자는 자신이 속한 교회에서 내린 치리가 풀릴 때까지 브레드린의 다른 지역 교회로 쉽게 옮길 수 없습니다. 이것은 교회와 교회 지도자의 권위가 세워질 때 가능합니다. 이처럼 범죄에 대한 치리가 실행되고 다른 교회의 치리를 존중하여 징계 받은 교인이 수평 이동하는 것을 막는다면 한국 교회는 자연스럽게 질적 성장이 일어나게 될 것입니다.[62]

(3) 한국 교회와 한국 브레드린의 관계에 대한 제안

한국에 형제운동이 전하여진 지 반세기의 세월이 흘렀습니다. 한국의 브레드린은 역사성과 함께 교회사에서 인정받은 순수한 교회입니다. 이처럼 역사성과 건전한 신학을 가지고 있지만 브레드린이 한국에서 수용되지 못하는 원인으로는 두 가지를 들 수 있습니다.

첫 번째로, 한국 브레드린이 가진 배타성입니다. 그러나 이러한 태도는 초기 브레드린의 정신은 아니었습니다. 크레이크는 다른

---

62) 브레드린의 교회에서 또 한 가지 주목할 수 있는 것은 무기명 헌금이다. 그 동안 일부 교회에서의 헌금에 대한 강요는 기독교에 대한 부정적인 인식을 가져왔다. 그러나 브레드린의 교회에서는 무기명으로 헌금을 하고 있고, 그럼에도 대부분의 신자들은 정기적인 헌금 생활을 하고 있다.

그리스도인들이 채택한 교회의 형태보다 자신들의 교회가 가장 성경적인 형태라고 생각하는 자들에 대하여 거부감을 나타냈습니다. 그는 자신들의 교회가 지구상에서 유일무이한 진실한 교회라는 자만심을 가지고 있는 사람들의 억설에 굳게 저항해야 한다고 주장하였습니다.

한국의 브레드린은 초기 형제운동의 지도자들이 가졌던 정신이 흐려지고 순수한 성경적 진리를 수호하려는 보수성이 지나쳐서 연합의 원리를 잃어버린 것입니다. 이러한 이유 때문에 한국의 브레드린은 기성 교단에 문을 열지 않았습니다. 따라서 한국 브레드린은 자신들의 존재를 교계에 알리지 않았기에 여러 가지로 오해를 받을 수 있는 상황에 직면한 것입니다.

브레드린에 속한 사람들은 자신들이 특정 교단에 속한 사람으로 보이거나 특정 교파로 불리는 것을 원하지 않았고, 자신들의 믿음을 신조로 만들어서 체계화하지도 않았습니다. 그들은 단지 단순히 그리스도인일 뿐이라고 여겼습니다. 그것이 자신들의 순수한 신앙을 지키는 길이라고 생각하였기 때문입니다. 그러한 경향이 한국에 들어온 선교사에 의하여 전해졌고, 지금도 한국의 브레드린은 여전히 그러한 성향을 가지고 있어서 제도권 내에 들어가지 않고 있습니다.

그러나 한국의 브레드린도 미래를 위한 변화를 모색해야 하고 성장과 발전을 위한 대안이 필요합니다. 무엇보다도 브레드린은 한국의 복음화에 대한 책임이 있습니다. 그렇다면 초기 개방적 브레드린의 지도자들처럼 한국의 브레드린 편에서 먼저 문을 열어야 할 필요가 있습니다.

두 번째로, 한국에 있는 기존 제도권 교회의 편견을 들 수 있습니다. 다른 나라와 달리 한국은 세력화된 교단에 의하여 기독교가 움직이고 있습니다. 그러므로 형식화와 조직화를 거부하고 유기적인 연합체를 이루고 있는 브레드린이 교단적 시각에서는 받아들여지기 어려운 것입니다. 이러한 이유로 해외에서는 자연스럽게 인정되는 브레드린이 유독 한국에서만 수용되지 못하고 있습니다. 브레드린은 제도화된 교단적 관점에서는 이해되지 않는 부분도 있기 때문입니다.

그러나 기독교 교회의 역사를 살펴보면 제도권에서 활동하지 않은 수많은 신앙공동체가 있었습니다. 물론 그들 중에는 비성서적인 교리와 신조를 지닌 무리도 있었지만, 반면에 순수하게 초대교회의 신앙과 성경적 원리를 고수한 공동체들도 있었습니다. 그리고 교회사에는 잘 알려지지 않았으나 그들 중에 진지하게 성경에서 말하는 교회를 추구하였던 사람들도 있었습니다. 브레드린도 그런 사람들이었습니다. 한국의 기독교계는 제도권 밖에 있는 소수 무리에 대하여 다양성을 인정하고 교단이 가진 전통의 잣대가 아니라 연합과 일치라는 복음적이고 성경적인 기준에 따라 대우해 주어야 할 것입니다.

21세기 한국의 복음화를 위하여 서로에 대한 이해와 수용이 필요합니다. 이것은 또한 자신의 정체성을 가지면서도 타교단에 대한 포용성을 가질 때 가능합니다. 조지 뮐러는 "우리는 교회다. 진리는 오직 우리 가운데서만 발견된다. 다른 모든 이들은 오류 속에, 바벨론 속에 있다"고 주장하는 사람들의 편견을 지적하였습니다. 그러므로 비록 나름의 견해에 차이가 있을지라도 성경이 가르치는 근본적인 진리 안에서 개방과 포용이 필요합니다. 이러한 태도가 한국의 복음화에 이바지할 것입니다.

한국의 복음화에 함께하길 기도합니다!

지금까지 형제운동의 기원과 발전 및 한국으로의 전래에 대하여 살펴보았습니다. 특히, 교회적 특성이 어떻게 전개되어 가는지 주목하면서 지역 교회의 독립성을 주장하는 개방적 브레드린과 다비계열의 중앙통제적인 비개방적 브레드린을 비교하였습니다. 또한, 형제운동이 일부 지역에서 일시적으로 일어난 것이 아니라 전 세계 곳곳에 전파되었다는 것을 소개하였습니다. 그리고 한국으로 전래된 과정을 소개하면서 한국의 브레드린이 19세기 형제운동의 역사성, 특히 개방적 브레드린의 맥을 잇고 있다는 사실을 살펴보았습니다.

1827년에 형제운동의 선구자였던 그로브스가 제안한 형제운동의 3가지 원리를 정리하면, "그리스도인은 교파의 장벽을 넘어서 한 떡에 참여할 수 있는데, 그러한 사역은 안수 받은 성직자가 없어도 단순하게 진행될 수 있다"는 것입니다. 그는 이것이 사도들이 시행하였던 초대 교회의 모습이라고 보았습니다. 어떤 창시자나 조직이 없었지만 이러한 이상을 추구하는 사람들이 자연스럽게 모여들면서 형제운동이 일어났고, 그 물줄기가 전 세계로 뻗어나간 것입니다.

다시 한 번 강조하자면, 형제운동의 모토는 보다 넓고 큰 그리스도인의 연합을 구현하는 것이었다는 점에 주목할 필요가 있습니다. 이러한 주장은 다른 곳에 있는 많은 사람들에게 호소력을 발휘할 수 있었습니다. 그 결과로 형성된 브레드린의 교회는 그 당시존재하던 어느 교단이나 교회와도 달랐으며 1830년대와 1840년대에 다양한 이유로 자신들이 속한 교단에 불만을 품고 있었던 허다한 복음주의 그리스도인들에게 확실히 관심을 끌었습니다. 그들은 그리스도를 중심으로 하는 진정한 연합을 추구하였던 것입니다.

코드는 "형제운동이 확산된 근본적인 요소는 자유에의 갈망"이라고 하였습니다. 그것은 '내 사고 속에서의 하나님의 말씀의 자유, 내 삶에서의 그리스도 주님의 자유, 나의 예배와 섬김에서의 성령의 자유, 내 교제에서의 그리스도의 몸의 자유'로 요약될 수 있습니다. 즉, 형제운동은 인간적인 권위와 전통을 벗어나 같은 마음을 품은 모든 사람들과 함께 온전한 교제를 누리고자 하는 추구에서 시작되었습니다.

그들은 당시 이러한 추구를 방해하는 것처럼 보였던 교파적 가르침의 모든 제약을 벗어버리기를 원하였습니다. 그래서 하나님의 사람들이 온전히 연합하고, 모든 신자들이 함께 자유롭게 주의 만찬에 참예하며, 제도적인 성직안수에 제한 받지 않고 성령이 주신 은사에 따라 자유로이 사역할 수 있기를 열망하였습니다.

이러한 발전과정에서 성경의 위치가 중요합니다. 사역과 예배의 자유에 대한 추구는 무질서한 것이 아니었으며 오히려 하나님에 대한 경외에 의해 통제되었습니다. 전통적인 교회의 규칙들을 버리는 대신 성령의 인도하심과 영감을 얻기 위해 자연스럽게 성경으로 돌아갔던 것입니다.

19세기 초에 일어난 형제운동은 비록 소수였지만 선교사역에서도 중요한 역할을 담당하여 세계 복음화에 기여하였습니다. 또한, 당시 이성을 중시하는 합리주의에 맞서 성경의 권위를 지켰으며 교파를 초월하여 복음주의적인 단체에 영향을 미쳤습니다. 교리적인 면에서도 교회사에서 정통적으로 받아들이는 교리를 그대로 믿고 있어서 역사적인 기독교 정통신앙을 굳게 붙잡고 있습니다.

이러한 교회사적인 뿌리를 가진 형제운동이 한국에도 전파되어 오늘에 이르게 된 것입니다. 한국에서 형제운동은 해외의 브레드린에서 파송한 내한 선교사들의 지도로 1959년에 회심한 젊은 이들을 중심으로 시작되었습니다. 한국에는 현재 230개에 달하는 브레드린 교회가 있고, 29명의 해외파송 선교사들이 여러 나라에서 선교하고 있습니다.

또한 방송, 인쇄, 교육 등을 위한 다양한 기관을 가지고 있고, 미국, 영국, 캐나다, 호주, 뉴질랜드, 독일, 일본, 대만, 인도, 남미와 동남아시아 등 세계 여러 나라에 퍼져있는 같은 신앙을 가진 브레드린과 지속적으로 교류하면서 타문화권 선교와 교육 선교에 협력하고 있습니다.

이 책에서 소개한 바와 같이 형제운동의 역사를 살펴볼 때 브레드린은 기독교 역사에서 입증된 교회이며 교회사가들에 의해서 인정된 교회입니다. 이 책을 통하여 한국 기독교계에 브레드린이 올바르게 알려지고 브레드린의 순수한 교회적 특징이 이해되길 바랍니다. 그래서 무엇보다 그리스도의 이름으로 연합하여 한국의 복음화에 함께 이바지하기를 기대합니다.

참고 문헌

주요자료

정인택. "형제운동의 기원과 발전 및 한국으로의 전래." 박사학위논문, 계명
대학교, 2013.

참고자료

양진효. 우리 중에 이루어진 사실. 서울: 선한목자, 2008.

양진효. 우리 중에 이루어진 사실(후). 서울: 선한목자, 2010.

지복홍 등. "한국모임이 걸어온 길." 열린문, 2002년 ~ 2007년

Barber, John. Who are the Brethren. West Sussex: The Brethren
Archivists and Historians Network, 2001.

Broadbent, E. H. 순례하는 교회. 이치일 역. 서울: 전도출판사, 1990.

Coad, F. Roy. A History of the Brethren Movement. Vancouver:
Regent College Publishing, 2001.

Embley, Peter L. The Origins and Early Development of the
Plymouth Brethren. Cheltenham: St. Paul's College, 1966.

Neatby, W. Blair. A History of the Plymouth Brethren. London:
Hodder and Stoughton, 1901.

Yeager, Jonathan M. "The Roots of Open Brethren Ecclesiology:
A Discussion of the Nature of the Church Compared to the
Ecclesiology of the Darbyite Brethren, 1825-1848." Th.M. diss.,
Regent College, Vancouver, 2006.

이 도표들은 "THE BRETHREN MOVEMENT WORLDWIDE(2015년)"을 참조해서 만든 자료입니다(http://ibcm.net). 수치적으로 파악된 나라와 교회 수를 근거로 하며, 이 통계에 오르지 않은 나라도 많습니다.

지역		국가	교회 수(브레드린)
유럽 총 3382 여개 교회	1	알바니아	14
	2	오스트리아	50
	3	벨기에(플란더스)	30
	4	벨기에(왈로니아)	20
	5	보스니아와 헤르체코비아	2
	6	불가리아	5(?)
	7	크로아티아	2(?)
	8	체코 공화국	25
	9	덴마크	5
	10	페로 아일랜드	35
	11	프랑스	100
	12	독일	459
	13	헝가리	20
	14	아이슬랜드	1(?)
	15	아일랜드	17(?)
	16	이탈리아	270
	17	몰도바	12
	18	몬테네그로	1
	19	네덜란드	85
	20	폴란드	40
	21	포르투칼	100
	22	루마니아	716
	23	러시아	5(?)
	24	세르비아	11
	25	슬로바키아	21
	26	슬로베니아	2
	27	스페인	190(?)
	28	스위스(프랑스 언어)	48
	29	우크라이나	10
	30	영국	1097

지역		국가	교회 수(브레드린)
아시아 총 3774 여개 교회	31	바레인	1(?)
	32	방글라데시	1(?)
	33	중국	10(?)
	34	홍콩	30
	35	키프로스	1(?)
	41	대한민국	230
	42	쿠웨이트	2(?)
	43	라오스	174(?)
	44	레바논	3(?)
	45	말레이시아	168
	46	몽골	6
	47	미얀마	107
	48	파키스탄	108
	49	필리핀	250
	50	카타르	3(?)
	51	싱가포르	19
	52	스리랑카	9
	53	대만	15
	54	태국	11+
	55	터키	8
	56	아랍 에미리트	20
북미 총 5451 여개 교회	57	앵귈라	1
	58	앤티가	5
	59	바하마	33
	60	바베이도스	39
	61	벨리즈	9
	62	버뮤다	6
	63	캐나다	482
	64	코스타리카	6
	65	쿠바	29
	66	도미니카 공화국	375(?)
	67	엘살바도르	41(?)
	68	그린란드	1
	69	그레나다	8
	70	과테말라	2050(?)
	71	온두라스	1125(?)

지역		국가	교회 수(브레드린)
북미 총 5451 여개 교회	72	자메이카	84
	73	멕시코	225
	74	푸에르토리코	9(?)
	75	세인트키츠 네비스	11
	76	세인트루시아	7
	77	세인트빈센트 그레나딘	14
	78	트리니다드 토바고	32
	79	미국	836
남미 총 3196 여개 교회	80	아르헨티나	1325
	81	볼리비아	520
	82	브라질	700
	83	칠레	51
	84	콜롬비아	79
	85	에콰도르	30(?)
	86	프랑스령 기아나	22(?)
	87	가이아나	30+
	88	파라과이	105
	89	페루	230
	90	우루과이	32
	91	베네수엘라	72(?)
아프리카 총 4162 여개 교회	92	앙골라	2024
	93	보츠와나	12(?)
	94	부룬디	131
	95	차드	1107
	96	콩고 공화국	12
	97	콩고민주공화국 북 카탕가 주	366
	98	콩고민주공화국 남 카탕가 주	803
	99	콩고민주공화국 2nd 브레드린	141
	100	코트디부아르	13(?)
	101	이집트	33
	102	에티오피아	80(?)
	103	케냐	100(?)
	104	마다가스카르	64
	105	말라위	130
	106	모리셔스	0(?)
	107	모잠비크	212

지역		국가	교회 수(브레드린)
	108	나이지리아	1000
	109	레위니옹	7
	110	르완다	140
	111	세네갈	6
	112	남아프리카 공화국	120+
	113	남 수단	0(?)
	114	수단	5
	115	탄자니아	145(?)
	116	튀니지	0(?)
	117	우간다	40
	118	잠비아	1300
	119	짐바브웨	40(?)
오세아니아 총 958 여개 교회	120	호주	260
	121	피지	24
	122	나우루	1
	123	누벨칼레도니	4
	124	뉴질랜드	198
	125	파푸아 뉴기니	460
	126	사모아	7(?)
	127	통가	4

망망한 바다 한가운데서 배 한 척이 침몰하게 되었습니다.
모두들 구명보트에 옮겨 탔지만 한 사람이 보이지 않았습니다.
절박한 표정으로 안절부절 못하던 성난 무리 앞에 급히 달려 나온 그 선원이
꼭 쥐고 있던 손바닥을 펴 보이며 말했습니다.
"모두들 나침반을 잊고 나왔기에… "
분명, 나침반이 없었다면 그들은 끝없이 바다 위를 표류할 수 밖에 없을 것입니다.

우리는 삶의 바다를 항해하는 모든 이들을 위하여
그 나침반의 역할을 하고 싶습니다.
우리를 구원하신 위대한 주 예수 그리스도를 널리 전하고 싶습니다.

"하나님은 모든 사람이 구원을 받으며
진리를 아는 데에 이르기를 원하시느니라"
(디모데전서 2장 4절)

형제들의 모임 교회사
A BRETHREN HISTORY

지은이 ┃ 정인택 박사
발행인 ┃ 김용호
발행처 ┃ 나침반출판사

제1판 발행 ┃ 2019년 4월 1일
제2판 발행 ┃ 2019년 5월 1일

등 록 ┃ 1980년 3월 18일 / 제 2-32호
본 사 ┃ 07547 서울특별시 강서구 양천로 583
　　　　블루나인 비즈니스센터 B동 1607호
전 화 ┃ 본사 (02) 2279-6321 / 영업부 (031) 932-3205
팩 스 ┃ 본사 (02) 2275-6003 / 영업부 (031) 932-3207
홈 피 ┃ www.nabook.net
이 멜 ┃ nabook@korea.com / nabook@nabook.net

ISBN 978-89-318-1574-0
책번호 다-1430

값은 뒷표지에 있습니다.